業務スーパーが牛乳パックでようかんを売る合理的な理由

沼田 昭二
神田 啓晴

日経BP

はじめに

牛乳パックに水ようかんを入れて売ろう、とは、普通は考えない。水ようかんだけではない。杏仁豆腐、プリン、コーヒーゼリーやパンナコッタ、レアチーズなどのスイーツを、すべて牛乳パックに入れて売っているのが、『業務スーパー』だ。

1リットルの牛乳パック入りだから、当然、でかくて重い（重量約1キログラム）。口を開いたら密封できないから、一度開けたら食べきるか保存の方法を自分で考えないといけない。

「これ、誰が買って、どうやって食べるの？」

ところがこれが人気なのだという。まず、単価がめちゃくちゃ安い。パッケージには「7〜8人分」と記されていて、価格は311円（23年10月時点）だから、1人当たりおよそ40円。いくら安くても食べきれないのではもったいない、と思うところだが、ネットを検索すると出るわ出るわ、「業務スーパーの水ようかんのおいしい食べ方」が。余った分は冷凍すればいいし、凍ったままアイスのように食べたり、レンジで温めて形をアレンジし、生クリームを掛けたり、溶かしきっておしるこの汁にしたり、と、活用法は様々だ。

この他にも、容量1キログラムのポテトサラダとか、500グラムの冷凍ブロッコリーとか、

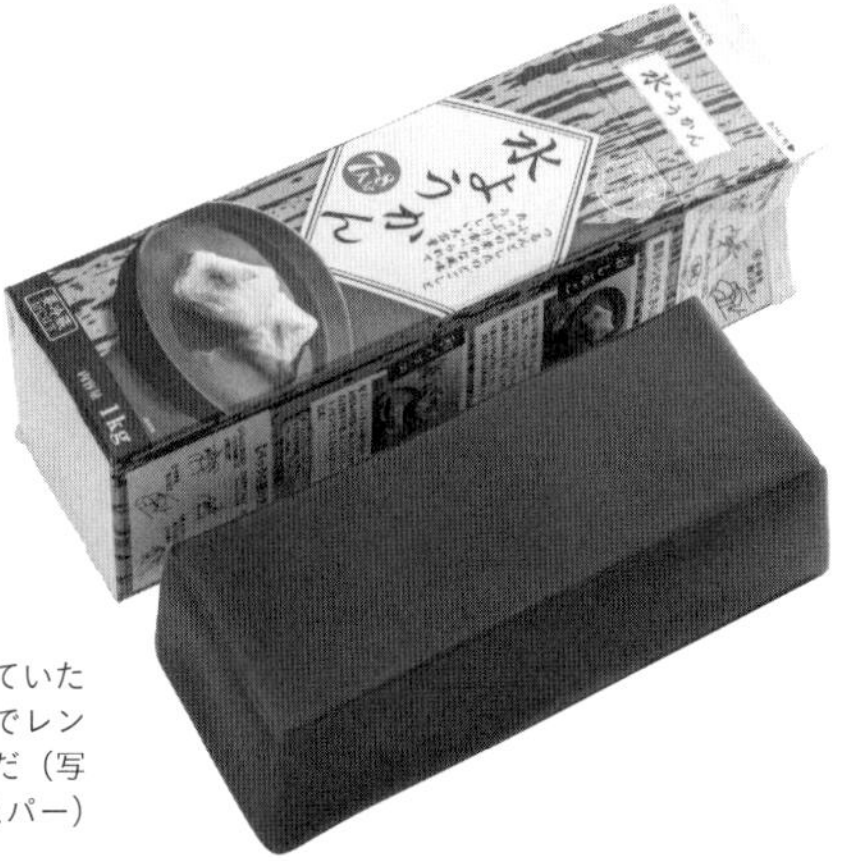

牛乳パックに入っていた水ようかん。まるでレンガのような大きさだ（写真：スタジオキャスパー）

豆腐パックに入った冷凍チーズケーキとか。個性的というか、ちょっとクセの強い「変」な商品が業務スーパーの店頭には並んでいる。

基本的には大容量で日持ちするものが多く、価格も安い。そこで「こんな商品がある。こう使えばコスパがいい」と、ネットで情報を交換しつつ、使いこなしている人が増えて、それが昨今の「業スー」ブームを支えている。もともとは業務用と大家族向けにと始まった業態が、ネット時代にも適応して新しい顧客を開拓し続けている格好だ。

この「業務スーパー」をフランチャイズ方式で展開するのが、1981年に沼田昭二氏が創業した神戸物産。同社は99年までは兵庫県南部でたった2店舗のスーパーを運営する中小企業だった。

業務スーパーのFC1号店の開店は2000年。そして23年後の今、時価総額は1兆円を超える（23年10

月12日終値）。売上高は4068億円（22年10月期）で24期連続で増収。業務スーパーの店舗数は全国1038（23年9月時点・直営店は3店舗のみ）にまで広がった。

筆者（神田）は、偶然にも神戸物産の創業の地、加古川市に近い神戸の出身で、業務スーパーの前身となったスーパーはよく使っていた。だが業務スーパーは、あまり独身男性に縁がある店でもないと思っていたので、大人になってからは何度か利用しただけだった。取材のため近所の店舗に行ってみると、そもそも店内が普通の食品スーパーと全然違うことに驚いた。店の中央に大きな冷凍食品の売り場がどんと置かれ、商品の多くが段ボールのまま陳列されている。暖色の照明で彩られた他店と比べたら殺風景、とも思えるが、大賑わいのお客さんは気にする様子もない。そして、そこで売られているよそでは見たことのない商品の数々――。

店も変なら、商品も変。でも、だからこそ業務スーパーは伸びている。

本書は21年2月号から日経トップリーダーで連載中のコラム「業務スーパー創業者 沼田昭二 利益を生む鉄則」を基に、追加の取材や合計30時間以上におよぶ沼田氏へのインタビューの内容を加えたものだ。業務スーパーを見ていて感じる「変」の裏側には、もうけを生み出すための沼田氏流の「ドル箱作り」の思想がある。

本書の目的はただ1つ。その沼田氏の思想を具体的な事例を通して解き明かすことだ。なぜ牛乳パックで水ようかんを売るのか。その合理性にきっと驚かれることだろう。

目次

第1章

「変」な商品は実は合理性のかたまり

経営者がビジネスモデルを構築するとき、大切にすることは人それぞれでしょう。私の場合、それは「精緻に、周到に、合理的に作ること」です。

仕組みといってもいろいろなイメージがありますが、私が作りたい仕組みは、「一度動き出せば、それほど労力をかけずに、長い期間もうかる」というものです。この本ではそういう仕組みを「ドル箱」と呼ぶことにしましょう。

私は神戸物産で業務スーパーという「ドル箱」を作り、磨き上げることに全身全霊を傾けました。ドル箱作りは、動き出せば楽ですが前準備に労力がかかります。そもそも私の場合、考える時間がとにかく長い。なぜかと言いますと……。

「細胞レベルまで分解して考える」

これが私の思考法だからです。

とにかく物事を微細なレベルまで分解し尽くします。分解した上で、その成り立ち、仕組みを理解します。仕組みに必要な要素を原理原則まで理解してから計画を立てるのです。

こんなことをやっていたので、業務スーパーの構想を固めるまでに2年の歳月を要しました。「忙しい現代人に2年も考える時間はない」。そんなふうに考える方もいらっしゃるでしょう。

けれども、この考え方で起こした事業は、軌道に乗れば成長の最短ルートを描くことができます。作ってしまえば、後は仕組みを改良していくだけで、自然と成長します。「ほったらかし」でもええかもしれません。実際、業務スーパーは加盟店に対して、事細かなルールや管理を押しつけてはいませんし、ビジネスモデルも20年前から大きな変化はありません。20年も持続的な仕組みは今時珍しいと思いませんか。

そして、合理的に考え抜いたシステムで周りを納得させれば、こちらから動かずとも、人も金も自然と集まります。これは、物事を徹底的に調べているからこそ味わえる醍醐味です。

「タマゴとは何?」細胞レベルまで突き詰める意味

これから商品開発を通して業務スーパーの考え方をご説明していきますが、「細胞レベルまで分解」する思考法は本書全体に通底するので、もうすこし踏み込んでおきましょう。

「細胞レベルで考える」というのは、「この商品とはそもそも何でできているのか」「どうやって作られているのか」といった根本的な部分まで理解して、そこをスタートラインに考えることです。例えば、食品添加物などは商品の原料として市販されている、調合済みの便利なものもありますが、あれも素材レベルまで分解して理解せねばなりません。

どうしてそこまで突き詰めるのか。それは、人間はついつい楽をしたい、手を抜きたい生き物だからです。そこまで徹底しないと、どうしたって「今知っている商品」をベースに考えたくなるじゃないですか。でもそれでは、その自分が知っている商品を作った人、その人の常識に基づいたアイデアしか生まれません。これを超えるには、商品じゃなくて、その素材まで分解してから「さあ、ここから何ができるか」と考えるのが一番いいんです。

例えば、業務スーパーの卵焼きをもとに考えてみましょう。

神戸物産グループの食品メーカー、オースターフーズ（兵庫県姫路市）には「厚焼玉子」という商品があります。卵焼きと聞くと、「そりゃタマゴで作るものだろう」と思いますよね。実は、この商品には豆乳が原材料に使われています。

卵焼きとはなんでしょうか。タマゴをほぐして焼いたものですね。じゃ、「タマゴ」とはなんでしょう？　その主成分は？

突き詰めて考えると、タマゴとはすなわち「タンパク質」です。タマゴのタンパク質が熱されて、凝固したものが卵焼きとなるわけです。

ということは、卵焼きとは「タンパク質焼き」といってもいいでしょう。そう考えると、タンパク質が豊富な大豆でも代用できるのではないか。要素分解することで、そんな考えが出てくるわけです。

最終的には、タマゴと豆乳を配合して、タマゴの割合を下げるという製造法を考えました。もともとの卵焼きは70％がタマゴで、残りは出汁で作られていました。豆乳のコストはタマゴの10分の1程度です。実際に作ってみるとタマゴ70％の時よりも柔らかく、まろやかな味わいの卵焼きができました。

「放っておいてももうかる商売」を探した

と、説明させていただきましたが、考え方だけ正しくてもドル箱は作れません。次は「考える方向」を定めるのです。さあ、何を作ってどう売ればいいでしょうか。

初期条件を見てみましょう。

業務スーパーのフランチャイズ（FC）1号店がオープンしたのは2000年3月。既に少子高齢化が進み、人口が減り続ける未来が来ることは分かっていました。そして、食品流通の世界では「売り上げや利益の源泉はバイイングパワー」（規模によるコストダウン、購買力）という考えが当たり前。縮む市場で大きい者が勝つ、という世界です。

当時の神戸物産は「フレッシュ石守《いしもり》」という2店舗しかない中小スーパーを運営していました。90年代の年商は25～30億円。ここから、過酷な競争を勝ち抜いて、10年後、20年後も利益

業務スーパーの1号店。兵庫県三木市の郊外、ロードサイドにある

がきちんと出続けるようにする。しかも、できることなら「ほったらかし」でも運営できるような……そこまで言うとさすがに虫がよすぎますが、そんなビジネスモデルを模索していました。

ただ、地方の中小企業が、業界に先駆けた最新システムとか、手の掛かった高度なサービスとかを開発・提供することは現実的ではありません。もちろん、「規模によるコストダウン」もできません。

八方塞がりのようですが、ここでも物事を分解することから始めました。

食品スーパーがやっていることを軽く頭の中でバラしてみましょう。食品スーパーは、他人が作った商品を他人に運んでもらって、それをまとめて並べて値付けして、お客さんに渡す商売です。他人が作った商品をただ売るだけでは、どの店でも似たり寄ったりの品ぞろえになります。だから価格でしか差別化できず、安売り合戦の泥仕合になり、資金力に勝る企業が有利になるのですね。

だとすれば、規模の小さい企業が生き残るには、その逆を突くことが有効です。「自分が作った、自分だけの商品を、自分の店だけで売る」のです。

乳業メーカーが作る水ようかん

「牛乳パックに水ようかんを入れる」ことに、その具体例があります。

これを作っているのは愛知県豊田市の豊田乳業。13年に買収した乳業メーカーです。なぜ乳業メーカーが、牛乳パックに牛乳ではなくデザートを入れているのか。この本のタイトルの種明かしをしていきましょう。

08年初頭に中国製ギョーザによる中毒事件（07年12月末から08年1月にかけて、千葉県と兵庫県で中国製の冷凍ギョーザを食べた10人が中毒症状を起こした事件。ギョーザには殺虫剤が混入されていた）が起きました。神戸物産ではこの中毒事件を起こした工場からギョーザを仕入れてはいませんでしたが、中国産食品へのハレーションはすさまじく、一時的に客足が遠のきました。対策として神戸物産では製造拠点の国内回帰を目指しました。

工場を自前で建てるとコストも時間もかかります。そこで、国内の中堅・中小の食品メーカーを相次いで買収しました。多くは民事再生の適用申請をしたり、私的整理に追い込まれたりして、経営破綻に追い込まれた企業です。長きにわたって賞与や残業代を支払うことが難しくなっているなど、会社も社員も苦しい状況に置かれています。

そういった企業には共通する課題があります。まず、価格以外に競争点を見いだすのが難しい商品を作っていた。豊田乳業の主力商品の牛乳がまさにそうです。立場は違えど、業務スーパーを創業する前の私と、同じ悩みを抱えていたわけです。

買収後、工場を視察に行くと、従業員は休みも十分に取れないまま長い時間働き続けていました。理由を聞くと、「牛乳は賞味期限が短いので、毎日製造していないと欠品を起こしてしまう」と言います。

牛乳は「面倒」な商品

牛乳は弱点の多い商材です。

賞味期限が短いので売れ残りが即、ロスになり、1度に大量生産できません。在庫を抱えられないとなると、毎日一定量を製造することが求められます。平日に工場をフル稼働させて、土日は休む、といったメリハリのある働き方を導入するのが難しい。

加えて、牛乳は薄利多売の商品です。例えば、当時1リットルの牛乳パック1本の店頭価格は約170円、これを作る原料の生乳の価格は130円ほどでした。そこに輸送費などを加えると、もうけはそれこそスズメの涙です。そして申し上げた通り、牛乳は味の違いで勝つのは至難で、競合他社も多く、結局は価格以外に競争する要素がない。

牛乳は素晴らしい食品です。でも、作り手の立場で考えれば、メリットの少ない商品であることは明白でした。

いろいろ考えた結果、買収して1カ月くらいで「これから牛乳を作るのはやめにしましょう」と工場の従業員に伝えました。だって、すでに牛乳を作り続けても利益が出ないことは、豊田乳業が経営破綻してしまったことからも明らかです。今のままでは、休みなく工場に出勤している従業員の働き方だって変えられません。

少し脱線しますが、私は面倒なこと、しんどいことが嫌いです。

考えることはちっとも苦労にならないのですが、手順、作業に手をかけたくない。「先憂後楽」主義者、といってもいいのかもしれません。

もうからない牛乳を休まず作り続けるのは、作業としてもメンタルとしても事業としてもそもそもしんどい。賞味期限の短さからくる廃棄のリスクや価格競争の激しさなど、複雑な要因が絡まっている面倒な商材でもあります。ドル箱を作りたいなら、こうしたレッドオーシャンは避けるべきなのです。

私は自分の好きではないことを従業員に押しつけるのも嫌いです。「利益を出せるようにするのはもちろんだけど、このしんどい働き方を強いている工場の運営も根本的に変えてしまいたい」。こんな思いをスタートラインにして、豊田乳業が牛乳を作らなくてももうけられるように、新商品の開発を考え始めました。

私の考える「利益を生み続ける商品作り」の手法は2パターンあります。

1つは需要の大きい普遍的な商品をローコストで製造する仕組みを作る、という手法。例えば、冷凍うどんや豆腐などはこれにあたります。

もう1つは他社にないオンリーワン商品の製造です。差別点を消費者が感じてくれれば、「あの店でないと買えないから」という来店動機になります。

では、「牛乳」はどうすれば利益を生み続けられるのか。考えてみましょう。

中身の生乳はそもそもの原価（乳価）がメーカーと生産団体との合意の下で決められますから、コストダウンの余地がなさそうでした。他の商品の原料にするにしても同様です。なのでこれを活用するのは諦めました。

じゃあもう売るものがないじゃないか？　いえ、商品としての牛乳を分解すれば、中身と容器になります。入れ物の牛乳パックはどうでしょうか。

これは、低コストの容器として活用できます。汎用性の高い容器といえばペットボトルですが、牛乳パックはそれより5割以上安い原価で作れます。

ここに別の商品を充填しようと考えました。牛乳の轍を踏まないよう、開発部門には「賞味期限が3カ月ある、よそにない商品」の開発を命じました。まあ、開発のリーダーは私なんですけどね（笑）。

賞味期限の長さが問題解決のカギ

賞味期限を長くするには菌の増殖しづらい商品であること。これが欠かせません。

詳しくは後ほどお話ししますが、私は食品メーカーを経営した経験もあります。だから、何をどう組み合わせれば日持ちするようになるのか、理論上の答えはすぐに浮かびます。この時は、「ゲル化剤などに代表される増粘多糖類を使い、凝固させた製品」という解が出ました。

何やら難しい用語を並べてしまいましたが、言い換えるとスイーツです。そして、最初の商品として生まれたのが、水ようかんでした。なぜ水ようかんなのかというと、それは私の好みです（笑）。

具体的にどういった工程で製造しているのかは企業秘密ですが、特に難しかったのは、こうした素材をうまく凝固させるための原材料の配合や充填の工程ですね。

容器がペットボトルのように円形ならば、回転させることで熱伝導を均一にできます。でも、牛乳パックは四角いので円形の容器と同じような凝固の工程を踏めません。例えば、底の方が先に固まり、上側が遅れて凝固すると、味のばらつきが生まれます。こうした課題をクリアできないと製品化できません。牛乳パックにデザートを入れるのは、単なるアイデアの勝利と映るかもしれませんけれど、実は技術的にかなり難しいことなのです。

牛乳パックに入った水ようかん。業務スーパーの人気商品となった（写真：スタジオキャスパー）

豊田乳業では、取材時には牛乳パック入り杏仁豆腐を製造していた。神戸物産のグループ工場は自動化が進められているようで、視察した工場はどこも人が少なかった

こうして生まれたのが、1リットルの牛乳パックに入った水ようかんです。賞味期限は3カ月。製品化して約10年たちますが、いまだに他社から模倣されていません。当初は乳業メーカーの方々もこの商品にかなり興味を抱いていたと聞いています。なぜ類似品が世に出てこないのか。最大の特徴である賞味期限の長さは、製造技術も機械も自社で考案することで実現できたものだからです。「充填して冷やして固める」という工程を単純にまねしただけでは3カ月は持ちません。

牛乳パックに水ようかんを入れる理由は、容器のコストが安いこと以外にもあります。

まず、陳列の効率がいい。横幅と奥行きが短いので店頭で並べやすいのです。四角くて配送時の効率もいい。箱詰めしやすいですし、多少の振動ではびくともしません。業務スーパーを利用する飲食店のプロにとってもこの形状は扱いやすいし、ご家庭の冷蔵庫で保管する際も場所を取りません。店舗にも、ユーザーにとっても望ましい形状なのです。

価格以外で勝負できる「自分だけの商品」が欲しいのなら、自分で作る（もしくは技術を開発して独占する）のが一番確実です。牛乳パック入りスイーツは「自分のグループで作った、自分だけの商品を、自分のチェーンだけで売る」ことの一例です。商品に強い独自性があり、生産を自社で行っているのでまねされにくく、かつ「業務スーパー」という自社チェーンの特徴と噛み合っている。なので、作る方も売る方もお互いにメリットがあります。

ポテトサラダを1キログラム単位で売るわけ

この話をすると「でも、水ようかん8人分を一度に買うお客さんがそんなにいるのか」と思われる方が多いようです。スイーツに限らず、業務スーパーの店頭には大容量の商品がたくさん並んでいます。例えば、ポテトサラダは1キログラム単位の販売です。「誰がこんな商品を買うの?」というもっともな疑問、つまり「売り方」にはあとでしっかりお答えしますので、まずは「業務スーパーの主力商品は、自社で生産・輸入し、自社だけで販売している」ことを覚えておいてください。

さて、大容量の商品は、当たり前の話ではありますが、生産効率がいいのです。「自分で作る」のですから、これは大きなポイントです。量が効率に効くのは普通に分かると思いますが、一例を挙げげましょう。

パッケージは大きくても小さくても、充填の手間として大きな違いはありません。そして、食品製造で最も手間のかかる工程がこの充填の部分です。1袋100~200グラム程度の小さなパッケージでも、1キログラムのパッケージでも、1回充填する手間は同じです。そう考えると、200グラムと1キログラムを比べれば、1キログラム充填は200グラムに比べて5倍の生産効率を達成できるという計算になります。

値上げの相談に値下げ要求

ポテサラの次は、食パンに行きましょうか。業務スーパーの主力商品は自社（グループ）で作っている、という前提をもう一度頭に置いて読んでください。

業務スーパーの人気商品に「天然酵母食パン」という商品があります。09年に神戸物産にグループ入りした麦パン工房（岐阜県瑞穂市）が製造しています。普通、スーパーで売っている

麦パン工房の天然酵母食パン。手でちぎってみるともっちりした手応え

食パンというと5枚切り、6枚切りにスライスされたものが主流ですが、天然酵母食パンはふっくらした食感が売りですから「手で割いて食べること」をオススメしており、１本をそのままパッケージしています。大きさは１・８斤とかなりのものですが、値段は２８４円（23年10月時点）とリーズナブルです。10年前はさらに安くて１本が１９８円でした。

グループ入りする前からお話ししましょう。神戸物産に、麦パン工房の工場長さんからせっぱ詰まった様子でコンタクトがありました。同社は地元の小売店向けの菓子パンなどを製造していて、以前から神戸物産とも少量ですが取引がありました。

当社では麦パン工房のつくった一斤の食パンを売っていたのですが、値段が安いだけのパン、という印象で実際お店でもあまり売れていませんでした。麦パン工房さんは地元では比較的大きな規模だったのですが、「利益率の低い商品を多品種少量生産している」メーカーで、破綻寸前に追い込まれているようでした。

工場長さんに会うと、予想通り「神戸物産にスポンサーになってほしい。そして、うちが開発した新商品のパンを売ってほしい」と言うのです。まずは、味を見ないと話が始まりません。そこで実物を試食しました。味は文句の付けようがないおいしさでした。問題は価格です。

値段を聞くと「298円で売っているが、それだと赤字なので398円にしたい」と工場長さんは言いました。そこで私は逆に「分かりました、198円にしましょう」と提案しました。

どういう答えなんだ！　と感じる方もいるでしょう。工場長さんも最初は「無理です」と困惑した様子でしたが、「神戸物産がスポンサーとなるには、これを受け入れてもらうしかありませんよ」と伝えると最終的には理解をしていただけました。

強引だと思われるかもしれません。私は途中をすっ飛ばして結論を言ってしまうよくない癖があるのです。この値下げ提案にも私なりの明確な根拠が2つありました。おそらく、この時の工場長さんはこう思っていたはずです。「パンの値段が安いから赤字になったのだ」と。

私の見立ては逆でした。「パンを値下げすればたちまち黒字化できる」。そう考えていました。

まずは、この時の工場長さんの言い分を検証してみましょう。

そもそも値上げをすれば、工場は黒字になるのでしょうか。高くなれば当然、お客さんが離れる可能性が出てきます。売れなければ工場の稼働率は下がります。そして、原材料の仕入れ量が減れば、原材料の仕入れコストは上昇します。売り上げ減と原価アップのダブルパンチ、なんて惨事を引き起こす可能性だってありますよね。

結果からいうと、麦パン工房は神戸物産にグループ入りして天然酵母食パンを100円値下げしました。そして、パンは飛ぶように売れ、わずか1カ月で単月黒字を達成したのです。

品数を絞って量を増やすのがメーカーの基本

私がこの時に考えていた「パンを値下げできると考えた2つの根拠」ですが、1つ目は単純で、原価率から見る限り、値下げの余地があったことです。当時、この食パンの原材料比率は約40%でした。食品工場では原材料比率が65%を超えると利益の確保が厳しくなります。逆に言うと60%までなら、コスト管理を徹底して、販路を確保すれば利益は得られます。価格が下がれば、お客様も増えるでしょうから薄利多売で成り立ちます。そして、他店の追随を許さないレベルの低価格を達成できれば、単独の商品だけでなくお客様の来店動機にもなり得ます。

2つ目は、生産品を絞り込むことでスケールメリットの追求が可能、と見たことです。

当時、麦パン工房は80種類ものパンを製造していました。そこで神戸物産にグループ入りするにあたって、生産品目を2種類に減らしてもらいました。実は食品の多品種少量生産は大手メーカーでさえ難しいのです。中小食品メーカーならば、いうまでもありません。

私は大手の製パン会社を視察したことがあります。日に何十種類ものパンを作っていて、何度もラインを切り替えて、時には発酵に失敗してトン単位のロスを出していました。加えて、製造ラインで作る製品を切り替えるたびに、機械の洗浄や材料の入れ替えなどでデッドタイムが生まれます。その時間は製造が止まりますから、もうけはありません。工場は稼働率を上げてなんぼの世界ですから、極めて非効率的です。

生産品目を絞ることには、2つのメリットがあります。まず、ラインの切り替えによるロスタイムがないので生産量を飛躍的に伸ばせます。また、同じ商品を作り続けることは、失敗によるロス発生のリスクを低くします。商品点数を極限まで絞り込めば、中小メーカーの工場でもスケールメリットが生まれます。生産効率アップと、値下げによる競争力の向上で、販売量が一気に伸びて値下げ分を取り返す利益が楽に生まれた、というわけです。

以上、2つの事例でご理解いただけたと思います。業務スーパーの経営は、まず、工場の生産効率向上を起点にしています。①品数を減らして、②同じものを作り続け、③付加価値（例えば長い賞味期限など）を創出する。この3つが大原則だと考えています。これによって、高い価格競争力と、ユニークな商品力が両立でき、それが来店動機につながります。

価格の話をすれば、普通のカップ入りの水ようかんは4個入り約250グラムが300円くらいでしょうか。牛乳パック入りのこちらは7～8人分約1キログラムで311円。圧倒的にお値打ちです。ポテトサラダは大手コンビニのプライベートブランド（PB）商品だと120グラムで140～160円くらいでしょう。対して業務スーパーのポテトサラダは1キログラムで429円（23年10月時点）です。100グラム当たり43円なので、およそ3分の1の値段を実現しています。

これは「多品種少量、高付加価値」を追う普通の食品メーカーとは明らかに違うやり方です。神戸物産がこのやり方を貫けるのは、「業務スーパーで売れるかどうか」だけを考えればいいからです。ナショナルブランドを作っているメーカーと異なり、コンビニや、他の食品スーパーに来るお客さんのニーズを考えないから、業務スーパーにしかない商品を開発でき、それを最高に効率よく生産できるのです。逆に言えば、普通のスーパーで牛乳パック入りのスイーツを売っても、客層やニーズに合致しないでしょうから、たいして売れないかもしれませんね。

パッケージは「シンプル過ぎる」くらいでちょうどいい

業務スーパーでしか売らなくていい。それがもたらす自由さは、商品開発のいろいろな面で

業務スーパーの冷凍野菜はシンプルなパッケージが特徴的だ。文字がかなり大きいのは、主要顧客のプロにはこの方が商品の判別がしやすいからという理由らしい

役立っています。業務スーパーに行くと、店の中央に冷凍ケースが並んでいます。冷凍野菜だけでも60種類以上の商品があり、魚や肉の商品を合わせると100は超えます。

パッケージを見て気づかれることはないでしょうか?

多くの商品パッケージでは白地に黒文字で商品名を書いています。中央は透明にして中の商品が見られるようなデザインです。袋の色は商品ごとに変えています。

このパッケージを見て「シンプルすぎる」と感じた方もいるでしょう。これにも意味があります。色が商品ごとに違うので、常連の方やプロの飲食店関係の方が素早く商品を見つけられるのです。20年以上前から基本的なデザインは同じです。例えば、ブロッコリーは黄緑色の袋に「ブロッコリー」と書いてあります。　老眼でも早く認識できるフォントの大きさが特徴です。

業務用商品を買いに来るプロは忙しいですから、1分1秒でも惜しい。買うものが決まっているのであれば、コンマ1秒で識別可能なパッケージは絶対条件です。

また、パッケージをシンプルにすることはコストカットにも生きています。版下のコストが万単位で安くなるのです。デザインが統一されていれば、版下は1つで済みますからね。シンプルなパッケージはコストカットと消費者のメリットを両立させるためのものなのです。

ナショナルブランド商品ではこんな包装は怖くてできないでしょう。でも、業務スーパーに来るお客さんには、シンプルなパッケージは「百利あって一害なし」なのです。

合理性がある商品をつくると「変」になる

ここまで読んできてお分かりの通り、業務スーパーは店舗だけ見れば「ちょっと変な食品スーパー」ですが、実際には神戸物産グループの食品メーカーがその根幹を支える、小売業というよりも「メーカー」としての特徴が強い業態です。私は08年から15年にかけて国内の食品メーカー17社、22工場を買収しました。業種は豆腐、養鶏場、冷凍食品、食肉、パン、コーヒー豆、製粉、牛乳、清酒と様々です。

前述の通り経営破綻した工場が多かったのですが、例えば豊田乳業はスイーツ商品に移行したことで、商品の作りため、作り置きができるようになったので、経営の安定に加えて働き方の改善も実現できました。ポテトサラダを製造しているのは滋賀県竜王町の秦食品というメーカーですが、大容量のポテサラや冷凍うどんで元気よく稼いでいます。

神戸物産のグループ工場として、神戸物産の成長に大きく貢献してくれているこれらのメーカーは、皮肉な話ですが、もともとは大手食品メーカーや食品スーパーから多種多様なOEM（相手先ブランドによる生産）やPB商品の製造を受注して、経営が悪化しました。多種多様な商品製造を請け負っていても、販売側のバイイングパワーが強すぎて、生産者側のもうけにつながらないことはこの事実からも明らかです。

業務スーパーの商品作り、ひいてはドル箱作りは、まず「商品の作り手がちゃんともうかる」ことから始まっていて、だから日本の小売業の中では「変な商品ばかりだな」と感じられるのかもしれません。

では、この「変な商品」をどう売るのか。2章では、業務スーパーの店づくりについてお話ししたいと思います。

記者の眼

ゾウネンタトウルイって何？ 取材は専門用語の嵐

この章を書くに当たっての、沼田昭二氏と私のやりとりをご紹介しよう。

沼田氏「牛乳パックに牛乳以外のものを入れようと考えたとき、ゾウネンタトウルイが使えるなと思ったんですよね」

記者「ゾウネンタトウルイ……って何ですか？」

沼田氏「ゾウは増える、ネンは粘る、タは多い、トウは糖分。食品添加物の一種ですね。で、日持ちをさせるには酸性の食品がいいんですよ」

別の日のやりとり。

記者「あの大きな卵焼きを開発した経緯について教えてください」

沼田氏「卵焼きの開発で、まず最初にやったのはタンパク質を変えたこと。タマゴのタンパク質は凝固する温度幅が狭すぎる。この凝固幅を広げたい。それには動物性タンパクと植物性タンパクを混ぜる。豆乳を使えば劇的にコストは下げられます。」

このように沼田氏とのインタビューでは、商品がどういった成分でどんなメカニズムで作られているのか、といった込み入った内容が大量の専門用語とともに語られる。すぐには意味を理解できないことも少なくないが、素直に尋ねればていねいに教えてくれる。

これまで沼田氏には1年ほど取材をし、工場や店舗の視察に同行し、本書の取材を含めて10回以上、インタビューの機会を得た。本人への率直な印象は「経営者というよりも技術屋」だ。沼田氏も「読むのは技術書がほとんど。経営管理的な本は読みません」と言う。

肉の部位を語り出す

チルド総菜の煮豚を手に取った沼田氏に「これは豚のどの部位を使っているんですか？」と聞いてみた。即座に「タンルートですね」と答えが返ってくる。「タン、ルート……？」。

「タン先、タン元、タン皮、タン下、タンルート。タンもこれくらいに分類できるんです。タンルートはこの、舌の根元の部位ですね。日本ではホルモンです。辛み成分とか甘味を加えたりして加熱して作っています」

商品に関する質問を投げかけると、多くの経営者や開発者は味やコンセプトについて言及する。さらに質問すれば仕入れやコストといった経営的な観点も語ってくれるかもしれない。だが、一般に経営者は原材料の細かい仕様までは把握していないことが多い。

ところが沼田氏は、原材料や添加物の調達から加工、流通、店頭での販売、コストや利益率と、あらゆる面について何でも淀みなくすらすらと答える。

ポテトサラダを手に取れば「この1キログラムのポテトサラダ、以前は1袋だったのが、今は500グラム2袋が連結されていますね。商品を袋詰めするとき、機械で袋の端を絞りますでしょう。その際に材料が袋の端に残らないようにしないといけないのですが、2袋連結して作るのは難しいはず。きれいに製造できていますね」と感心した様子で商品を見つめている。

沼田氏流の「加工4原則」

沼田氏のブレーンの一人として、商品開発に長く携わった岡本道暁氏（現・町おこしエネルギー事業開発部長）は、豆腐パックに入った冷凍ケーキシリーズの開発に携わった。岡本氏によれば、沼田氏は食品製造に関して「刻み、パウダー、液体、ペースト。この4ワードに当てはまる加工方法でないとダメだ」というルールを持っていたという。

私の要領を得ない表情に気づいた岡本氏は「つまり、機械による充填が可能かどうか、という意味です」と教えてくれた。

一例を挙げよう。沼田氏の語りで登場したオースターフーズでは豆腐も作っている。豆腐の加工には大まかに言って2通りの方法がある。カット豆腐か充填豆腐だ。カット豆腐はその名の通り、水に浮かべた豆腐を包丁でカットして作る。個人的には街の豆腐屋さんの店先が思い浮かぶ。対して充填豆腐はチューブに入った豆乳とにがりを高速で配合して、パックに充填、包装後に冷却して固める。一般には充填豆腐の方が賞味期限が長くなるので、生産管理は後者の方がやりやすい。

業務スーパーの人気商品の1つに豆腐パックに入った冷凍ケーキがある。これには、充填豆腐の容器とほぼ同じパックが使われている。この商品の開発にも紆余曲折があった。

オースターフーズは神戸物産が2008年に買収したソイキューブがその前身だ。岡本氏は沼田氏から「工場をプレゼントしてあげるわ」と再建を託された。

豆腐は売価が安いのでもうけが少ない。当初から豆腐の製造ラインを生かして、別の商品を作ろうと試行錯誤が重ねられた。

最初にできたのはプリンのカップに入った豆乳レアチーズなど、豆乳を使ったスイーツだった。ただ、当時は製造工程を限界まで効率化しても、1時間当たりの生産量は300キログラムが限界だった。

また、豆乳スイーツそのものは他社でも似た製品があるので、売り上げも徐々に落ち込んでいったという。決して失敗ではなかったものの、大きなもうけを得られないと見るや沼田氏は次なる商品の開発を命じた。きっかけは2013年、豊田乳業の買収だった。

「生乳を使わないチーズケーキ」を開発せよ

最初は牛乳を使ったチーズケーキの開発が考案された。だが、生乳の原価が高いことを知った沼田氏は開発陣にこう告げた。

「分解して考えてみよか」

岡本氏の説明によるとこうだ。牛乳は生乳で仕入れると高コストな原料だ。では、生乳を分解してみるとどうなるか。水分と脂肪分が取り除かれれば、脱脂粉乳。脂肪分と固形タンパク質を除いた物はホエイ（乳清）となる。こうした、牛乳を分解して作られた生成物を組み合わせれば、生乳を仕入れるよりもはるかに安く「牛乳」が作れると分かった。

こうしてできあがったのが生乳を使わないチーズケーキというわけだ。これも充填豆腐と同じく、豆腐パックに原料を充填して低コストで製造されている。

オースターフーズが作っていた豆腐は、業務スーパーでは77円で売っている。対して冷凍チ

豆腐パックに入った冷凍ケーキ「リッチチーズケーキ」。豆腐工場の収益力向上などを目的に開発された

ーズケーキは375円（ともに23年10月時点）だ。実に約5倍の価格差がある。

沼田氏が商品開発を率いていた時代、神戸物産ではこうして、物事を分解した後、いかにして安い原材料を組み合わせて商品を製造するのかが徹底して議論されていた。

このノウハウは、神戸物産が貿易を事業としているからこそ培われたものだ。詳しくは言及しないが、バターや脱脂粉乳、ミルクに甘味料などを加えた調製品など、乳製品は消費者から見れば違いがよく分からない製品であっても、国外から輸入した場合、製品に課せられる関税がそれぞれ異なる。

貿易事業のノウハウがあれば「いかにして牛乳を安く仕入れるか」という課題に対して、関税が安い商品でそろえれば、原価もそれだけ下げられる。

「牛乳を使わないけど、乳製品は使っているチーズケーキ」。なにやらとんち話のようだが、貿易事業のノウハウがあればそうした商品も自社で開発できるということだ。こうした事業部を横断した知識の共有が神戸物産の商品開発を支えている。

分解の思考法はガリ勉が必要

1章では沼田氏の考えの根幹「分解（細胞で見るイメージを持つ）」について、語ってもらった。ここで自分なりに、商品開発を考えていたときの沼田氏の頭の中を再現してみる。

沼田氏は「原料」「加工」「配合」など、商品を構成するありとあらゆる過程や要素を分解していった。牛乳は「構成している要素は生乳と牛乳パック」「卵焼きはタマゴと出汁。タマゴとはタンパク質」といった具合だ。牛乳の場合、低コスト化を成し遂げるには「生乳」は差別化できず、コストも高くて使えなかったので、別の商品を考えた。一方で牛乳パックは容器として低コストというポテンシャルがあったので活用した。

卵焼きは分解した結果、タマゴを無くすことはできなかったが、タンパク質の一部を低コストかつ味もよくなる素材で代替しようと試み、豆乳に行き着いた。

原材料を分解するのは、思考の基点であり、分解するだけでは新製品には行き着かない。分解した素材をいかに組み合わせ、あるいは代わりになるものを探すのか。おそらく、頭の中でパズルのピースを埋めていくような作業だっただろう。

沼田氏の特質はそれらの素材を、開発者、製造者、原料の調達担当者、工場の管理者、マーケッターなど、複数の視点で見て、考えることができることだ。

沼田氏が創業し、「業務スーパー」という業態で急成長した神戸物産は、先に本人が語った通り、「自分だけの商品を自分で作って売る」、SPA（Speciality Store Retailer）に近い一気通貫のスタイルを持つ。豆乳入りの卵焼きを開発・商品化して製造し、店に並べて売り切る、その一連の流れを自社でやっている。

もちろん、細かいところは担当者に任せているのだろうけれど、基本的にすべてを知らねば気が済まない沼田氏は、「工場にある生産設備」「仕入れられる商品の組み合わせ」「既存の冷蔵庫で商品は並べられるのか。食中毒のリスクは」と、あらゆるところに興味を持ち、時間の許す限り自分でも理解して考えようとしている。それが、代替案の数やリスクの感知力に利いているのではないか。

そんなことが人間にできるのか？　とも思うが、記者のあちこちに飛ぶ質問を涼しい顔でさばいていく様子を1年間見せつけられて、この人ならあり得るし、だからこそ膨大なピースが脳内にあって、課題に応じて適切な解を探してこれるのだろうなと思わされた。

ここまでいくとちょっと自分には縁遠い、と思われるかもしれない。筆者もそういう気持ちになった。しかし、少しでも分解の思考法を一般化できないものだろうか。

まずは書き出してみることから

ヒントはないかと聞いてみたところ、沼田氏は何か問題に当たると「解決の障害や原因を書き連ねていく作業をよくやっている。原因を書き出したら、さらに『原因の原因』をさかのぼって書いていく」そうだ。

紙なりスマホのメモなりに書き出して外部化してみるのは、課題の「分解」の取っ掛かりになる。「なぜ今こうなっているのか」を一つひとつ書き起こしてみるうちに「意外にたいした課題じゃないな」「あ、こんな方法もあるんじゃないか」といった気づきが頭に浮かんでくるかもしれない。

もう1つあるとしたら、やはりアイデアの原材料をできるだけ多く取り込んでおくことだろう。勉強しないでいい点を取る方法はないし、引き出しを増やすこともできない。あったら沼田氏がやっているはずである。

第2章

ロイヤルティー1%が必然だった理由

今でもお客様の中には業務スーパーの看板を見て「一般客が入ってもいいのか」と戸惑ってしまう方が一定数いらっしゃるそうです。

実際、2000年3月に1号店をオープンしたときに、お店の前で入りにくそうにしているお客様がいらっしゃいました。皆さん口をそろえて「私は普通の主婦やけど、お店に入ってもええの？」などと聞かれるのです。なるほど、確かに「業務」と書いてあれば、プロでないと入りにくいお店に見えるかもしれない。そう思って、オープンしたその日のうちに看板屋さんにお願いして「一般のお客様大歓迎」と書き加えました。これが今に至るまで「業務スーパー一般のお客様大歓迎」という、店の看板となっています。

「変」な名前はインパクトを与える

なぜ、「業務スーパー」と名付けたのか。それはプロ向けの食材を扱うスーパーだからです。「ではなぜ、プロ向けの食材に目を付けたのか、売れると思ったのか？」。その疑問にお答えする前に、名前の由来からお話ししましょう。

店の名前は11個くらい考えました。「業務用スーパー」とか「業務用卸スーパー」とかいろいろ用意して、商標に通ったものを採用しようと思ったのです。多くはすでに商標登録されてしまっていました。例えば、「業務用食品スーパー」は広島市に本社を構えているアクト中食さんという会社が展開している店舗の名称です。

候補がどんどんNGになっていく中で、一番希望していた「業務スーパー」だけはなぜか商標登録されていなかったのです。これはラッキーでしたね。

店の名前はとても重要です。ここでオリジナル性を出しておかないとお客様の目に入ったときにインパクトがない。「業務スーパー」なんて名前を食品スーパーの名称として使うことは普通では考えにくいでしょう。けれども、私はこの名前で、必ず成功させられるという確信がありました。この一風変わった名前のインパクトがそう思わせたのです。

まず、これを見たお客さんは「普通のスーパーとは違うな」と感じ取ってくれますし、メディアからも「従来にない、別ジャンルのお店」として取り上げてもらえます。名が体を表せば、広告しなくてもお客様にコンセプトが伝わる。名前を決めるところから、すでに「ドル箱」(=手をかけずに集客・販売)の仕組みは動き出している、ということです。

看板を目立たせて、コストも落とす

業務スーパーというと緑と赤紫の看板が印象に残っている方もいらっしゃるでしょう。なぜ、あの配色なのか。まず、目立つ色合いです。車を運転しながら見ても、一目で「業務スーパーだ」と認識してもらえます。

目立つ配色なら阪神タイガースのチームカラーのように黄色と黒、という意見もあるかもしれませんね。でも実は、コスト的にもあの色合いでないといけないのです。この緑色、どこか見覚えのある色ではないですか？　皆さん、一度は見たことのある色みです。

正解は「高速道路の標識」です。高速道路の看板は緑を背景色にして、白抜きで文字が書いてあります。あの色合いこそが遠くからでも視認できて、しかも日光で色が褪せにくい配色なのです。業務スーパーの看板の緑色はあの色みをまねています。

赤紫の部分は、緑と組み合わせたときに目立つ色、というだけでなく、日光に強い色味に調整してあります。単なる赤色だとやはり褪せやすいので、黒を若干混ぜ込んでいるのです。外に出す看板は退色が避けられません。色みが悪くなると修繕が必要になります。そういった部分のコストまで意識しているのです。

業務用以外に勝算がなかった

お待たせしました。それでは「なぜ、大容量の食材を扱うプロ向けのスーパーをつくろうとしたのか」という質問にお答えしようと思います。

結論から言うと、それ以外に狙える市場がなかった、ということです。

私がこのビジネスモデルを新規事業として考案し始めたのは、神戸物産でやっていたスーパー事業、「フレッシュ石守」（ちなみに、当時の社名もこの店名と同じでした）の経営が苦しくなり始めた1990年代後半のことです。新規事業を考えるといっても、大手がひしめく一般的な生鮮食品を売るスーパーマーケットの事業で、後発の、しかも規模の小さな企業がいくら頑張ったところで大手に潰されてしまうのがオチです。だから、なんとしても既存の大手が強い市場は避けて考える必要がありました。

先にも触れましたが、大手が狙うのは少子高齢化に合わせた店舗と商品です。その市場が伸長すると分かりきっていましたから、コンビニでもスーパーでもお一人様向けの総菜やお弁当が並び始めました。大容量よりも小さな分量の品がメインを占めるようになってきたわけです。

そこで私は逆張りを考えました。

確かに「お徳用」や業務用食材のような大容量を求めるお客様は減っていたし、その後も減り続けることは間違いなかった。けれど、私は小さな商品を多く並べる一般的なスーパーで、超大手を含めた過当競争に巻き込まれるよりは、市場が小さくなるけれど、「少品種大容量」に絞ったスーパーの方が、勝ち筋があると考えました。

普通のスーパーの店頭アイテム数は2万点ほどといわれていますが、業務スーパーの店頭に並ぶのは約3000アイテムです。普通のスーパーに比べて、85%も商品の種類が少ない。

ここまで扱う商品もターゲットも異なれば、既存の大手から「競合」と見られない、ブルーオーシャンで生きていけるのではないか、という期待があったのです。

後追いでもトップになれる市場を探す

もう少し詳しく説明しましょう。ひとくちに食品スーパーといっても、いくつかのジャンルに分けられます。業務スーパーの目指していた業態は「キャッシュ&キャリー」という分野に属します。これは、小売りというよりは卸売業の一種です。顧客が現金で商品を購入して、そのまま商品を自分で持ち帰る方式を指します。当初、売上高の7～8割はプロの方々に支えられることになると想定していました。だから「業務」の文字を店名に付けることにしたのです。

ちなみに、業務用の食材を購入するプロは普通、掛け売りと配達をする卸問屋を使います。でも、今後はプロ向けでもキャッシュ&キャリーが伸びると考えました。

理由は、卸業者の立場になって考えれば分かります。

飲食店は個人経営者や小規模事業者が特に多い業界です。となると、1度に数万円程度しか発注しない事業者も少なくないでしょう。発注が少ないということは、卸業者にとってもうけが少ないことを意味します。加えて、将来人口が減っていくなら、配送を担う人は少なくなって運賃は上がるでしょう。

そんな中で、小さな注文にまで対応していては経営効率が悪くなります。卸業者は大口以外には対応しなくなり、街の小さな飲食店はキャッシュ&キャリーで材料を仕入れるようになると見込んだのです。

このキャッシュ&キャリー。何も業務スーパーが先駆者というわけではなく、先行している企業は00年時点で存在していました。最大手で80前後の店舗数だったと記憶しています。事業計画を立てるにあたって、私はこのキャッシュ&キャリーの事業でナンバーワンを目指すことにしました。

なぜ、ナンバーワンを目指したのか。それは1番であることのメリットが極めて大きいからです。小さな分野でも1番と2番では消費者のイメージも違いますし、メディアの取り上げ方も異なります。そして、個人を対象としたビジネスにとって、メディア露出の多寡は売り上げに大きな影響を及ぼします。今でもテレビで業務スーパーの商品が取り上げられると、翌日には店頭にその商品を求めるお客さんが殺到して品切れを起こすほどです。だから私は成熟した食品スーパー市場で「今からでも1番になれる分野」を血眼で探したのです。

キャビアを置くと売り場の効率は下がる

構想段階では当然、先行企業を視察して回りました。そこであることに気づいたのです。彼らの定めている商圏人口は30万人くらいではないかと。

私がそう思った根拠は、それらのお店にはキャビア、トリュフ、フォアグラなどの高級食材が置いてあったからです。少し考えてみてください。世界三大珍味を扱うようなプロ、というのはどんな人たちなのでしょうか。例えば、ある程度グレードの高いホテルです。このチェーンは、こうしたホテルの宴会場やレストランのシェフがこのような食材を買いに来るお店であろうとしている。そのようなホテル、レストランがある商圏は30万人規模、ということです。

私の考えは少し違いました。ホテルや高級レストラン向けにまで客層を広げると、どうしても商品の点数が増えてしまいます。しかもそうした顧客の数は、キャッシュ＆キャリーの中でも比率が大きくない。つまり、キャビアやフォアグラは単価が高くても、売れ筋の商品にはなり得ません。となると、商品の回転率は落ちます。売り場の効率は下がってしまう。だから、業務スーパーはプロのお客様を相手にしていながら、キャビアなどの高級食材を置いていないのです。

また、商圏が30万人では事業の成長性にも懸念があります。

社会が人口減少に向かう中、30万人の人口を持つ街が増えることは考えにくいでしょう。人口が20万人以上の中核市は62、政令指定都市は20（23年10月時点）。人口が多い東京23区や政令指定都市に複数店を出すと考えても、店舗数は100強が限界という計算になります。これでは現在のような1000店舗の展開など夢のまた夢です。

そこで、私は5万人を業務スーパーの商圏人口として設定しました。先行他社よりも少ない商圏人口でも成り立つ店舗をつくれば、急速に拡大させて追い抜くことができる、と考えたからです。

でも、5万人を商圏人口に設定した場合、飲食店の規模や数は30万人の商圏を設定するのと比べて、ぐっと少なくなるので、プロの方だけを相手にしていると商売が成り立ちません。だから、大家族の一般のお客様も来ていただけるような店づくりを考えねば、となりました。

お金の方から寄って来るビジネスモデルを

業務スーパーは23年9月時点で全国47都道府県に1038店舗がありますが、そのうち神戸物産が運営している直営店舗は兵庫県南部と大阪市のわずか3店舗です。そのほかはすべてフランチャイズチェーン（FC）の加盟店です（改めて念を押しておきますと、「業務スーパー」は神戸物産の事業の1つであり、企業の名前ではありません）。

なぜ、直営店ではなくFCによる店舗拡大を狙ったのか。まず、私自身の資金の問題です。6店舗までは何とか自前で出店できるお金がありました。でも、それ以上の資金はなかったし、何よりも自前で出店を続けられる規模の会社でもありませんでした。それまでは食品スーパー2店舗と中国・大連に工場を持っていて、その輸出入のための貿易業務も一部やっていたくらいの地方の中小企業ですから。

それに1章でもお話ししましたが、私自身は商売人よりも技術屋の気質が強い人間です。全国には小売店をやっているプロの方々が大勢いますから、そういった人たちにお力添えをいただこう、ということでFC店方式での出店を考えたのです。「業務スーパーはもうかる」と感じていただければ、加盟店の申し込みは加速度的に増えて、先行企業の事業規模を一気に追い抜けるだろう、というもくろみもありました。

フランチャイザーである神戸物産にとってもFC展開は利点があります。店を出す際に土地を用意する必要も、新たにスタッフを用意する必要も、宣伝費をかける必要もありません。それらは加盟店がやってくれます。

ここまで考えが煮詰まれば出てくる答えは単純です。神戸物産だけでなく、加盟店にとってもドル箱となるビジネスをつくればいい。そして、加盟店が増えるほどに神戸物産ももうける。

さすれば、加盟店は自然に増え、ウィンウィンの関係ですから事業も長く成長線を描ける。商品だけではなく、もうける仕組みを買っていただく。そんなイメージで業務スーパーのビジネスモデルを考え始めました。

ロイヤルティーでもうけようとしない

フランチャイズで本部がもうかりさえすればいいと考えているのなら、ロイヤルティー（経営指導料）を高めに設定すればいいでしょう。これは加盟店が存在しているだけで、自動的に入ってくるお金なので、ある意味では至高のドル箱と見なすこともできます。けれども、ここで神戸物産がもうけてしまうと、加盟企業の皆さんに残る利益が少なくなってしまいます。

業務スーパーはフランチャイズチェーンであるにもかかわらず、「ロイヤルティーは仕入れ高の1％」です。これはよくメディアで取り上げていただきます。つまり、ロイヤルティーはもうけの源泉としては期待できません。では、神戸物産はどこでもうけているのでしょうか。

神戸物産の利益の多くはメーカーと商社の事業から得ています。神戸物産は商品の製造や輸入を担当し、加盟店にそれを売っていただく。これが大まかなビジネスモデルなのです。

神戸物産は業務スーパーの本部ということで「小売業」と思っている読者の方もいるかもし

れません。ですが、実態としては製造業と商社の機能も持っている企業ですから、やはりSPA（製造小売り）が近いでしょう。私自身は「製販一体」という表現をよく使います。製造から販売まで、一気通貫したシステムが構築されていることが神戸物産の強みです。

神戸物産が取り扱っている商品の総数は、約5600アイテムあります。そのうち約1600アイテムは海外から神戸物産が直輸入しています。約370アイテムは第1章で紹介したような国内のグループ工場で製造した食品です。だから、加盟店が増えるほどに神戸物産の事業は成長していくのです。

なぜ、業務スーパーのバックヤードはせまいのか

業務スーパーの特徴の1つにバックヤード（倉庫）をかなり小さくしている店舗づくりがあります。もちろん、これは販管費率（原価以外の費用、すなわち販売費および一般管理費が売上高に占める比率。この値が低いほどに経営効率は高いとされる）を下げるためです。

一般的なスーパーでは、日持ちする商品はバックヤードにまず入れて、そこから商品を取り出して店頭に並べるのが普通でしょう。

ここで、スーパーのお店を分解して考えてみましょう。バックヤードやお店の通路、レジ、

お客様が購入した商品を袋詰めするサッカー台、商品棚、冷蔵庫、冷凍庫……消費者の立場だと売り場だけに目がいってしまいがちですが、ざっとした分類でもこれだけ多くの場所に分けられます。

スーパーでお金を生み出す場所というのはどこでしょうか？　当然、売り場ですね。でも、日本の一般的なスーパーを分解してみると、売り場面積って実は店舗面積のうちの4割弱しかないんです。お金を生む場所が4割にも満たないのでは、普通のスーパーはもうけを生み出すのに効率が悪いフォーマットだということになります。

シンプルに言えば、①店舗全体における売り場面積の割合を増やして、②1平方メートル当たりのもうけを増やしつつ、③販管費率の減少も同時に達成できる効率的な店舗運営＝ドル箱、という方程式が成り立ちます。この式を成立させるために、私はお金を生み出さないバックヤードをなくしてしまう店づくりを考えました。

段ボールのまま店に並べる

バックヤードをなくしたい、と思えばなくせるのか？　無論そんな単純な話ではありません。

じゃあ、どうするのか。極端な話、仕入れた商品はその足で店頭に並べればいい。

業務スーパーの店内。常温で陳列可能な商品は段ボールで積み上げて並べられている

なぜ、普通のスーパーは大きなバックヤードが必要なのでしょうか。一言で言うと、すぐに売りさばけない商品を置くためのスペースなのです。今は売り場に出さなくてもいいけれど、近日中に店頭に並ぶ商品や、一度は店頭に並んだけれども売れなかった商品などが、そこに保管されています。

解決策は、一度売り場に行った商品は二度とバックヤードに戻さないようにする。そして、納品されたらそのまま店頭に置けばいい。これが実現できればバックヤードは理論上、不要になります。

具体的に言うと、常温陳列が問題ない商品なら段ボールのまま陳列します。一般的なスーパーでは、商品を陳列する棚が多く配置されていますが、業務スーパーでは商品棚は少なく、納品時に使われる段ボールを積み上げることで商品棚の代わりとすることが多いのです。例えば、ペットボトルに入ったドレッシングや常温の漬物類などは箱に入ったまま店頭に並んでいます。

形は大きく異なりますが、ドン・キホーテさんは天井まで商品を高く積み上げたり、チェーンを使って商品をつり下げたりする「圧縮陳列」という独特の手法が有名ですよね。あの手法と若干共通する部分があります。あのように陳列にエンタメ性を持たせるには手間がかかるので、業務スーパーでは取り入れませんが。

そう、陳列というのは案外手間のかかる作業なんです。コンビニの飲料ケースのように、後方から商品をそのまま入れられる構造であれば話は別ですが、普通の棚は古い商品が手前に来るように陳列をしなおす必要があります。さらにいうと、商品棚に商品を並べるためには段ボールを売り場に持ってきて、それを開け、商品を並べる必要があります。これらの手間をカットしてしまうわけです。

言い方を変えれば、もしも納品される商品がすべて「段ボールのまま陳列できる」ようになれば、バックヤードはいらなくなるのでは、ということです。それはさすがに無理なので、業務スーパーには狭いながらもバックヤードがあるわけです。とはいえ工夫は続けています。業務スーパーには普通のスーパーと同じようにナショナルブランドの商品もありますが、そうし

業務スーパーでは売り場の中央に、大型の冷凍ケースが並ぶ

た商品でも、段ボールのままで品出しして、山積みできる商品を中心に取りそろえています。

冷凍ケースを中央に置く意味

業務スーパーの店のもう1つの特徴は、冷凍食品を陳列するケースが店の中央にあることです。

普通は冷凍庫は端の方にあることが多いですが、業務スーパーでは冷凍食品を入れた冷凍ケースが真ん中に置かれ、その上に棚を作って、軽めの調味料やレトルト食品などを陳列するスペースを設けています。これは他のスーパーではあまり見られないはずです。

なぜなら、冷凍ケースは私が自ら設計したものだからです。経緯は4章でお話ししますが、米コストコの冷凍庫を参考にして設計しました。

なぜ、冷凍ケースを店の中央に置いているのか。それは業務スーパーが冷凍食品のラインアップを重要視しているからです。一般のスーパーに比べても、冷凍食品の陳列数はかなり多いでしょう。順を追って説明します。

売り場に入った商品をバックヤードに戻さないために必要な要素がもう1つあります。それは賞味期限の長さです。賞味期限が長ければ廃棄しなくて済む可能性も高くなります。

第1章の豊田乳業の事例でも触れましたが、賞味期限は短いほどリスクが大きくなります。売れ残りを恐れて仕入れが少なければ品切れを起こしますし、逆に仕入れすぎて売れ残ってしまえば、今度は廃棄処分するしかなくなります。

私は経営者として、賞味期限の短い商品が好きではありません。少なくとも1カ月以上の賞味期限を確保したい。業務スーパーのうどんはゆで麺ですが、賞味期限は2週間近く持ちます。製法には特許を取っていて、これほど賞味期限が長いゆで麺のうどんを私は他に知りません。他社で簡単に作れる商品なら、いくら賞味期限が長くても価格競争に巻き込まれますからね。

賞味期限が長い食品は、①塩漬け（塩蔵）、②乾燥、③レトルト、④冷凍、の4つが挙げられます。このうち、塩漬けと乾燥食品は、マーケットがあまり大きくありません。残りはレトルトと冷凍食品ですが、欧米ではレトルトより冷凍の方が圧倒的に主流で、私も将来伸びるのは冷凍食品だと判断しました。

顧客側の視点で考えたとき、冷凍食品の利点は調理の手間が減り、買い物の頻度も少なくて済むことです。加えて、業務スーパーは大容量の食材を求めるプロや大家族を主要な顧客としてターゲティングしていましたが、冷凍食品ならばこれに当てはまらない一般客のニーズの受け皿にもなるだろう、というもくろみもあったのです。

なぜなら、冷凍食品は大容量のパッケージでも、食べたいときに食べたい分だけ使えばいい。例えば唐揚げでもたこ焼きでも、個別に冷凍でき、好きなとき、好きな分だけ解凍・調理して食べられます。そこには1人前という概念はなく、食べきれない、残してしまう、ということもありません。買った冷凍食品を保存する冷凍庫の容量だけが問題になりますが、冷蔵庫メーカーがその容量を増やしていくことも、欧米の流れを見ていれば明白でした。お客さんも我々も手間がかからない、まさに「ドル箱」で扱うのにふさわしい商品です。

売り場以外を〝いじめて〟販管費率をウォルマートより低く

ずいぶん簡単そうに話しましたが、箱や冷凍庫をただ並べまくればいいというものではない。配置がよくないとお客様同士がすれ違ったりできなくなる。山積みになった段ボールの配置も、ちゃんとお客さんの買い物のしやすさと売り場の効率化の両立を考えてつくっています。

業務スーパーの構想を固めていた時期は、こんなふうに、一つひとつ、売り場面積が店舗の50%に近づくような設計図を書いていきました。これを私は「いじめる」といっています。現実世界の対人間のいじめ、ではないですよ。無駄だと思えるものを徹底的に詰めていくのです。

こうした工夫を積み重ねた結果、業務スーパーの販管費率は15%以下を実現しています。普通のスーパーであれば販管費率は22~25%、あのローコスト経営を掲げている米ウォルマートでさえ、16%といわれています。販管費率が低いほど利益が出しやすくなりますから、これは業務スーパーの生命線ともいえる部分なのです。

逆に、こうした店の骨格以外の部分は、個別の加盟企業さんにほぼお任せしています。

業務スーパーは店舗ごとに若干、名前が異なることをご存じですか。「酒&業務スーパー」や、「生鮮&業務スーパー」といった具合です。これは、生鮮食品や青果など、神戸物産から加盟店に納品される商品以外に、加盟店が独自に仕入れた商品を売っていることを示しています。

加盟企業さんの名前が付いている店もあります。例えば、中国・四国地方でローカルスーパーを展開しているエブリイ（広島県福山市）さんのところの業務スーパーなら「生鮮&業務スーパー　エブリイ○○店」といった具合です。これを私は「ダブルネーム制」と呼んでいます。

この制度の目的は、業務スーパーのフォーマットと加盟店がそれまで培ってきたノウハウを組み合わせて、店の魅力を高めることです。

肉や魚、野菜といった生鮮食品が人気のスーパーが、業務スーパーと組むと、冷凍食品や輸入食品の品ぞろえが増え、より魅力的になる。売り上げが落ちてきた酒屋が業務スーパーと組めば、酒の販売をしながら冷凍食品で売り上げを増やせる。業務スーパーの効率的なシステムやオリジナル商品を活用しながら、既存事業を続けられるわけです。

これは、「すべて私たちの言う通りにしてください」というFC展開とは考え方が大きく異なります。我々は、もうかる商品ともうかる店づくりの基本を提供し、運営する企業さんはそこにご自身のお店の良さ、特徴を最大限生かせるように載せていく。それが業務スーパーにおけるFC展開の考え方なのです。

業務スーパーの加盟企業さんの営業利益率は2～5％程度と聞いています。大手で優良とされるスーパーでも3～4％、一般的な地方の中堅・中小スーパーマーケットの利益率はよくて1～2％といったところでしょうか。悩んでいる店が、「業務スーパーと組んだところはうまくいっているな」と考えて相談しに来る。そして、「1店舗試したらうまくいった。ほかの店舗も業務スーパー仕様にしよう」と店を増やしていく。そうやって業務スーパーの店舗数は増えてきたのです。

第2章　ロイヤルティー1%が必然だった理由

記者の眼

業務スーパーの「変」を根掘り葉掘り

ここでは、店舗取材の中で記者が気になったことを沼田氏にランダムに聞いていこう。

沼田氏が言った通り、業務スーパーのバックヤードは狭い。となると、発注ミスは大きな問題になりそうだ。発注が多すぎれば、業務スーパーに保管する術はない。どうするのか。

対策は単純だった。

「過去の発注データと比較して桁が違うなど、数がそれまでの発注量と極端に違っているとアラートが出て、本部の社員が確認することでミスを防いでいます」とのこと。

業務スーパーって暗くない？

「業務スーパーの照明って若干、暗くないですか？」

特に不便を感じたことはないし、ちょっと失礼だと思ったが、勇気を出して聞いてみた。すると沼田氏はこう返してきた。

「よく気づかれましたね。実は業務スーパーの明るさは800から1000ルクスくらいなんです。一般的なスーパーの3分の2くらいの明るさなんですよ」

目的は電気代の節約。明るさが3分の2となれば電気代もそれだけ安くできるということだった。また、冷凍食品が多い業務スーパー特有の事情もある。照明は熱を発する。店を明るくすれば、空調のコストにも影響するそうだ。しかし、それでは商品が見づらくなるかも……？

「だからパッケージの字を白地に大きな黒字で書いて、陳列もごちゃごちゃとしていないように気をつけているんです。いやあ、初めて聞かれたなあ（笑）」

こういった細かな（若干ネガティブな）質問を嫌がる経営者は少なくないのだが、沼田氏はうれしそうにしてくれるのでありがたい。

なぜ、業務スーパーには、定番の冷凍庫がないのか

業務スーパーは店の中央に冷凍ケースを置いていることは沼田氏が語った通りだが、他店とは置き方だけでなく形状も異なる。スーパーで冷食が置かれている冷凍庫といえばガラス製の扉を開けて商品を取り出す「リーチイン」というショーケースのようなものが多い。しかし業

務スーパーの冷凍ケースは平型のオープンケースだ。そこで沼田氏に尋ねた。

「なぜ、他店ではよく見かけるリーチインを置いていないんですか」

沼田氏はいくつか理由を挙げた。1つ目がやはりコスト、電気代の削減だ。リーチインタイプの方が電力を倍以上必要とするのだという。もう1つの理由が食材へのダメージだ。オープンケースはそもそも扉が付いていないので、客が商品を出し入れすることによる温度変化への影響は少ない。リーチインの冷凍庫は客が扉を開け閉めするたびに、また元の温度に戻すまで電力を使う上に、温度が上がった時間は食材を若干とはいえ傷めてしまうリスクがある。沼田氏曰く「お客様が迷って、20~30秒も扉を開けてしまうと、表面積の多いハンバーグなどは傷んでしまう。温度上昇による菌数計算を考慮に入れれば、生ものを冷凍した食材などは危なっかしくてリーチインに入れられない」のだという。

「ちなみに業務スーパーの冷凍庫は放っておいても下に冷気がたまるので、30分停電しても商品に問題はないですよ」と沼田氏は説明してくれた。

挫折続きだった冷凍ケース開発

しつこいが、もう一つ業務スーパーの冷凍ケースの話を紹介したい。

というのも、沼田氏はあの冷凍庫に強い思い入れがあるのだ。あるインタビューでは「業務スーパーの一番の特徴は冷凍ケース」とまで発言している。詳細は第5章で触れるが、ウォルマートのローコスト経営に感銘を受けた沼田氏は新たなスーパーの構想を模索するため、単身米国へアイデア探しの旅に出た。その時、コストコで見たものを参考にして作られたのが業務スーパーの冷凍庫だ。日本人の体格に合わせ、底は少し浅く、狭い店舗でも設置できるように奥行きは20センチメートルほど小さく作られている。

米国では当時から冷凍食品は店の中央に置くことが珍しくなかったと沼田氏は語る。それを見て、自らも冷凍食品中心の店づくりを志向した。冷凍ケースを中央に置くために沼田氏は試行錯誤を重ねた。

問題となったのは配管だ。冷凍ケースには排水に使うドレンホースを接続する必要がある。それゆえ店の中央に設置するとなればホースが長くなる。最初は設置にかかるコストをカットするために、本来は離して設置する排水用ホースと冷気が通る管を隣り合わせに配置した。狙った通りに施工費は削減できたが、排水用のホースは隣のパイプを通る冷気で凍り付いてしまい排水機能が働かなくなった。そのため「朝、店に来るとあふれた水で床がびしょぬれになったこともあった」(沼田氏)。その時は、配管をニクロム線（ヒーター）で熱して凍結を防止する措置を取って、問題を解決したのだという。

アイデアを思いついても、いざ実現しようとすると、細かい工夫や対応が必要な事象がたくさん出てくるもの。思い入れがないと、世の中に問うまでにめげてしまいそうだ。

設計図は頭の中にある

こうした細かな仕組みや数字の説明がいつも淀みない沼田氏。「何かメモでもあるのですか」と聞いてみた。

「特に紙などに残してはいないですね。構想段階ではメモしますが、最終的には頭に数字と仕組みが入っている」

最初は「メモを見せたくないのかな」と若干疑ったが、何も見ずにスラスラ説明されることが繰り返され、本当に頭の中に設計図が入っているのかもしれないなと思わされた。

沼田氏は自宅のトイレや寝室といった必ず立ち寄る場所には日めくりカレンダーを貼り付けているという。これがメモ用紙の代わりになるそうだ。ここに殴り書きした情報を基に設計図や計画を頭の中で立てているという。

仕事以外で勉強する量も半端ではなく、1990年代に中国・大連での事業に熱中していた時代は、帰国するたびに神戸の繁華街にあるジュンク堂書店へ立ち寄り、1冊数万円もする機械や食品などの事業に関連する学術的な専門書をまとめ買いしていたそうだ。そうした本はいつ読んでいるのかというと、午前1時や2時に目が覚めてから明け方までのあいだだと教えてくれた。この貴重な自由時間を使って、知識を蓄えてきたという。

「深夜、誰にも邪魔されず1人で空想している時間が一番楽しいんです」

と、沼田氏は言う。

第3章

「変」な工場再建から オリジナル商品が生まれる

第1章で、神戸物産が破綻した食品メーカーを次々とグループに入れたとお話ししました。これが、神戸物産の「業務スーパー」事業のコアになっていることも、ご理解いただけたかと思います。この章では、合併・買収したメーカーを、グループの戦力にしていくまでを詳しくご説明していきたいと思います。

実は2000年代後半まで、業務スーパーは輸入品が中心の品ぞろえで、その輸入先の約9割を中国産が占めていました。中国に依存していた事業だった、といえます。それを変えた出来事が1章でも少し触れました08年初頭の中国製ギョーザの中毒事件でした。

神戸物産は06年から、当時の大阪証券取引所2部に上場していましたが、事件によって株価は低迷しました。07年12月の始値54円が08年2月の終値は36円、同年10月の最も厳しかった時は安値26円という時期もありました。08年4月の中間決算では例を見ない58・2％の大幅な営業減益でした。

神戸物産は事件の元となったギョーザは輸入していませんでした。けれど、世間は「中国産」というだけで購入を避けるようになりました。何とかしないといけません。即座にできる対策として、全コンテナの農薬検査を行いました。

ただ、応急処置だけでは、いつまた同じような危機が起きるとも限りません。そこで根本的な対策を講じることにしました。国内にも自社工場を持つことを決め、「食の製販一体」に本腰を入れ始めたのです。その目的は安全性、そして他店では買えない独自の商品開発です。

潰れた工場を買いまくる

M&Aというと、有望な事業やブランドを持った企業を大手が買収する——。そんなイメージをお持ちの方が多いと思います。

神戸物産のM&Aはそれと少し異なります。第1章の事例で触れたように、買収した企業の多くは民事再生法の適用や私的整理にまで追い込まれた、いわゆる破綻企業だったのです。

「なるほど、潰れた工場の設備や土地が狙いか」。いえ、そうではありません。求めているのはむしろ人材です。従業員はもちろん、経営者も交代させません。

「普通は経営破綻させた社長なんて不必要なはずなのに、なぜ使ってくれるのか」

買収した企業のトップの方からそう言われたこともあります。「会社を潰した社長の首はすげ替えるはず」と感じる方もいらっしゃるでしょう。でも、例えばポテトサラダのくだりで触れた秦食品は現在も買収前と同じく秦利幸さんという方がトップを務めています。

厳密には黒字転換するまでは名目上、神戸物産から社長を送りますが、現場を指揮するのは変わらず、従来の社長です。それには理由があります。

地獄を味わった人は強い

私は「会社を潰した人だからこそ、経営者を続けてほしい」と考えているのです。単純に言うと「1度地獄を味わった人間は覚悟が違う」ということでしょうか。

実は買収した企業の中には、社長を務めていながら倒産する直前に夜逃げのように姿をくらました方もいらっしゃいました。その会社では、後に残って経営を一時、代行された方がいました。

後に残されたその方は前任の社長の口車に乗せられて、新築の家を担保に会社の連帯保証人になってしまったのです。会社が経営破綻してからは厳しい取り立てに遭っていました。夜な夜な見知らぬ車が家の周りをうろついたり、怒鳴り声の響く電話が掛かってきたり。不安になったその方はよく私に「助けてください」と電話をかけてこられました。一時は命を絶つことさえ考えていらっしゃったと後に聞きました。

けれども、その方は逃げなかったわけです。前任の社長のように、夜逃げするという選択肢もあったはずですが、そうはしなかった。

私は地獄にあっても逃げなかった方の協力こそ、貴重だと思います。新たな商品開発や生産工程の構築のための資金は出資しますが、その方々の頑張りが一番重要なのです。経営破綻するまでは、そういった逃げない方の下で従業員の方々だって頑張ってきたのですから、新参者が陣頭指揮を執るよりも良いはずです。

あともう1つ理由を挙げるとするなら「地獄を味わって、人は初めて他人の言うことを素直に聞くようになる」ということもありますね。経営者をしている人は多かれ少なかれ、頑固な方が多いので、そこまで至って初めて、過去の自分の失敗を省みることができるようになるのです。経営破綻しても、しばらく私の言うことを聞いてくれない困った方も中にはいらっしゃいましたが（笑）。

黒字化を果たすまでの期間は会社によってまちまちですが、再生を果たした後、一緒に「勝利の美酒」を味わうことが私の何よりの喜びでもあります。私は神戸物産を離れましたが、M&Aをきっかけにお付き合いの始まった方々は、今でも私にとっては家族のように大切な存在です。

一点集中なら中小でも大手に負けない

工場の再建には機械の入れ替えなど、いろいろ物入りですから数億～数十億円単位で投資をします。でも、うどんにしても他の商品にしても、製造設備の能力や規模の面ではその道一筋の大手メーカーに太刀打ちできません。それでも生き残れる理由は何なのかというと、やはり1章で語ったように、業務スーパーのフォーマットに合わせて、顧客の需要が高い商品に絞ったラインアップにしていることが大きいと思います。

「じゃあ大手が製品数を絞り出したら負けてしまうではないか」。こんな声が聞こえてきそうですが、大手メーカーには彼らなりの事情があります。販売先が多いからこそ多様なニーズに応える義務が発生してしまうのです。業務スーパーのように、品数を絞って、ど真ん中の需要が高いゾーンだけを狙い撃ちするという戦略は採れません。

1つの商品にだけ特化したライン、ないしは工場であれば、そこまで高性能な機械を導入していなくても大手に対抗することができます。工場側は販路を開拓する必要もありませんので、業務スーパーで必要とされている商品の開発・製造にだけ注力していればいい。製販一体の強さはここにあります。

ゴールから逆算する原価計算

そうはいっても、「販路は業務スーパーがある」とあぐらをかいてしまえば、お客様は離れていきます。商品のお値打ち感が他店に比べて際立っているとお客様が感じてくれればこそ、業務スーパーは成長し続けられるのですから。

だから、商品価格を徹底的に低くするために妥協は許しません。例えば、原価計算です。「原材料と人件費、光熱費を合わせて原価は×円。これに対して利益を△円いただける価格を設定しよう」。普通はこんなふうに考えるでしょう。

私の考えは逆です。いくらならお客様がほしいと思ってくださるのか。ゴールとなる価格を起点にして原価を計算します。

1つ事例をお話ししましょう。秦食品の工場を再建する際に冷凍うどんの生産量をそれまでの2倍以上に強化することになりました。そこで、同社の秦社長からは前述した計算方法で冷凍うどんの原価を提示されました。それでつい「こういう計算でいくらになります、じゃない。いくらでお客様に売りたいかを考えて、その価格にするには何が必要なのかを考えなさい」と怒ってしまいました。

秦社長の計算は、原価算出で一般的に用いられる方法としては何の問題もありません。確かに、当時の工場の設備でコストを積み上げていけばその値段にはなる。けれども、普通に計算した原価計算書というのは差別化につながらないんですよ。

ゴールを最初に設定しないと、強い商品は生まれないのです。当たり前の思考のレールに乗っかっていては、模倣困難な差別化など到底なし得ません。

秦食品で生産している業務スーパーの「冷凍讃岐うどん」。よく目にする大手のナショナルブランドの商品とは異なり、個包装にはなっていない

もちろん、私とて実現不可能な無理難題を吹っかけているわけではありません。

秦食品にはその後、冷凍うどんの製造ラインを強化できるように資金を出しました。秦さんも最初は試行錯誤を繰り返して苦戦していらっしゃいましたが、今では買収時よりも4倍以上の冷凍うどんの生産力を持つ工場に成長させてくれました。

冷凍うどんは今や業務スーパーの看板商品です。けれども、決して珍しい商品ではない。だから、商品そのものの差別化は難しい。

それならば、価格をまねできないくらいに圧倒的な安さにするしかないのです。中小企業が大手に負けないくらいの低価格を実現した上で、収益化も図るには、工場も、製造工程を細胞レベルで見直して、差別化しないといけません。

自分の頭で理解してこそ強くなる

見直さないといけません、と言いましたが、これは工場の人に対して言っているだけではなく、自分に向けた言葉でもあります。「再建の担当を配置して、任せてしまえばいいじゃないか」と思う方もいらっしゃるかな。トレンドとしては「現場への権限移譲」の方が主流でしょうから、私のようなトップダウンの経営者は少ないかもしれません。

人それぞれですが、私の考えとしてはこうです。「経営者が自分の頭ですべての流れを理解していなければ、持続的な競争優位性など到底得られません」

神戸物産には工場再建や新商品開発を担うＳＴＢ（ストラテジックテクニカルブレイン）という社内チームがありました。開発や調理、工程管理の専門家らに私を含めた10人未満の小さなチームで、私はリーダーを務めていました。第1章で触れた豆腐パック入りの冷凍ケーキや牛乳パック入りのデザートも彼ら・彼女らと一緒にテストキッチンで試食を重ね、アイデアを出し合い、改善を重ねていきました。

このチームを人任せにしていたら、業務スーパーはここまで成長できなかったと思います。私は商品開発の責任者として、自分の頭の中に、専門家と同レベルで会話できる情報を詰め込み、チームの一員として動く必要がありました。それには常に勉強し、知識をつけていかなければならない。機械ならそれが動く仕組みまで、食品ならばその成分を頭の中で分解できるようになるまで、原理原則を理解できるまで学ぶのです。経営者にとって自分だけの時間は始業する前だけですから、毎日、午前1時か2時ごろに目を覚ましては、そこから明け方まで、勉強して新たな仕組みや商品開発を考える日々でした。

学びから得る多くの情報がなければ、考え抜くことはできません。学びの姿勢はどれだけ強調してもしすぎることがないほど、大切なことなのです。

経営者が専門家にならないと、オリジナルは生み出せない

なぜ専門家を雇うのではなく、自分が専門家であろうとするのか。事業が暗転・失敗する要因は自分自身で原理原則まで追究せず、大事なところを他人任せにしてしまう点にあると考えているからです。

例えば食品添加物。神戸物産では海外の製造元も含めて原液や加工が施されていないピュア

なものを仕入れるルートを探していました。商品開発や製造では、それらを自社で配合して商品作りに生かすのです。

もちろん、専門のメーカーが配合した商品を仕入れれば商品作りは楽になります。ですが、食品添加物を扱うメーカーの商品には、原液を薄めたり、いくつかの機能を持たせるために調合したりした、いわば加工済みの商品も少なくありません。しかし、それらは自分で原液を希釈したり、配合したりするのに比べて割高なのです。

例えば、原液1リットルを海外から仕入れるのと1000倍希釈した液1リットルをメーカーから仕入れるのが同じ値段、なんてこともありました。コストがかさみますし、自社の商品開発力も伸び悩みます。

機械にしても、添加物にしても、自分の頭で原理原則を理解するように努めたことが、業務スーパーというドル箱作りに役に立った。これは断言できます。

失敗の種は「10万円」に隠されている

工場の再建は、その会社の人にやってもらう。だけど、大事な部分は他人任せにしない。そのために私が以前から心がけていたルールがあります。それは「10万円以上の稟議《りんぎ》書にはすべて目を通す」というもの。

1章でも登場した豆腐メーカー・オースターフーズの事例です。買収して間もない頃、冷蔵庫を冷やすための機械の調子が悪くなりました。原因は冷媒のガス漏れでした。このときの修理費用は数万円程度でした。

けれども、それから数カ月もしないうちに故障が再発してしまったのです。しかも今度は、修理では対処できないので機械一式を交換する必要がある、と私のところに稟議書が回ってきました。費用は数百万円を要するとのことでした。

少し前に工場の製造設備などは新調していました。まだ1年もたっていません。そう何度も機械が壊れるのはおかしい。疑念を持った私は現場に調査を要請しました。

すると、同じ工場にある汚水処理設備から有毒な硫化水素ガスが発生していたことが分かりました。この硫化水素は機械の導管に入り込むと管を腐食させ、放っておくと管に穴が開いてしまいます。硫化水素の発生が要因となり、冷媒のガス漏れを引き起こしていたのです。

であれば、次に調べるべきは硫化水素ガスの発生源です。汚水処理設備からガスが発生している原因を探るため、採取した汚水の物質を分析して、ようやく理解するに至りました。

豆腐を作るとき、フィルターもすり抜けてしまうくらいに極めて小さいおから「ミジン」という物質が発生します。これが汚水処理設備に流入していました。汚水処理は微生物が汚水に含まれる栄養分を分解することでなされます。ただ、微生物はミジンのようなセルロース系の物質を分解しません。ミジンが処理設備に入ることで、汚物の分解がうまく機能せず、硫化水素ガスの発生につながっていたのです。

そこで、ミジンが汚水処理設備に入らないよう回収できる仕組みに改修しました。回収したミジンは「卯の花」という別の商品を作る際に再利用しました。これで商品の生産量は増えましたし、汚水処理設備にミジンが入り込まなくなりました。数百万円ももちろん不要です。

原理原則が分かっていれば細部を見落とさない

なぜ、10万円以上を要する決済について、私が内容を確認するルールを作ったのか。失敗の芽は小さいうちに摘む必要があるからです。このケースであれば、トラブルのあった機械は新品と交換になっていたかもしれませんし、原因不明のままなら他の機械にも不具合が起きた可能性があります。

「餅は餅屋」と機械の仕組みや工程について人任せにしていたら、故障の意味を考えるきっかけをつかめなかったでしょう。けれども、原因をつかめずに同じ失敗を繰り返していては、利益を生み出す組織になることなど不可能です。

赤字に陥る理由は細部に潜んでいます。経営者がそのすべてに目を光らせるのは難しいでしょう。それでも、認知して摘み取ることが肝要です。そういう意味で、10万円という基準は放置すると大きな損失になり得るリスクの判断基準として適している、と私は考えています。

経営者自らが現場レベルの小さな損失も無視せず、原因を理解しようとする姿勢は従業員にも伝わります。その姿勢を保ち続けることが無駄を許容しない、利益を生む組織風土への変革につながるはずです。

天才でないなら、活路は考え抜いた先にしかない

だいぶ回り道をしましたが、工場再建の話をまとめたいと思います。

人任せにしないで原理原則に立って考えれば、破綻した工場であっても、「ここからでも、まだ再起できる」という、その会社のポテンシャルを引き出すことができます。

ただしM&Aをする前から「この工場ではこんなものを作ろう」といったオリジナル商品のアイデアがあるわけではないです。「ここで必ず何かを生み出す」という覚悟があるだけです。

秦食品のケースでは、同社の秦社長がいい意味で「機械オタク」でした。機械に詳しい方がいれば、省人化を進めやすい。機械の仕組みやラインに合った配置を考えられる人材というの

は貴重なのです。まあ、秦社長の場合、機械をあれこれ買っては「何かできないか」といろいろ実験する困った癖はありますが（笑）。

M＆Aというと、その工場の設備や土地など固定資産に目が行きがちですが、今いる人材の価値にも目を向けなくては、オリジナル商品の開発などおぼつきません。

もちろん「必ずオンリーワンの商品が生まれる保証はない」「覚悟だけあっても必ず成功するとは限らない」ことは分かっています。理屈ではそうかもしれません。それでも私はM＆Aをした会社を、必ず立て直してきました。そこから言える最も大事なことは、「信じて、念じること」だと思っています。

信じて、念じて、四六時中考えて、考えて、考え抜く。そして、泥臭くてもいいので一歩ずつ前に進む。天才ではない私が勝つ方法は、これしかありません。

記者の眼

黒字でも容赦なし 買収先が驚愕する割り切りと速度

沼田氏の企業再建の考えを聞いてきたが、再建「される側」からは、この沼田氏の再建策はどのように見えるのだろうか。関わった人たちに取材してきたので、実録風にお伝えしよう。

「この工場で唯一の黒字を生んでいる機械を捨てるんですか！」

秦食品（滋賀県竜王町）の秦利幸社長は沼田氏の言葉に耳を疑った。神戸物産に買収された後、工場視察に来た沼田氏からいきなり、今、黒字の事業を止めるように諭されたからだった。

秦食品の創業は1964年。大手食品メーカーのOEM（相手先ブランドによる生産）や大手外食チェーンの調味料製造など、多様な業務を請け負っていた。だが、1990年代から長引く経営不振で、2009年に全事業を神戸物産が100％出資する新会社に譲渡している。

秦氏は旧会社の「秦食品工業」の2代目社長だった。

秦氏は1989年、父親がトップを務めていた同社に入社した。主な事業は大手メーカーから受託するソースやお好み焼き、麺類、冷凍うどんなど多様な食品の製造だった。利幅の少ない商品の多品種少量生産で業績は伸び悩み、90年代から経営は苦しかったが、2000年代に入ると経営環境はさらに悪化した。秦氏が2001年から社長を務めて以降、黒字化できた年は1度だけだったという。

メインの受注先の1つだった大手メーカーが隣県に製造拠点をつくったことで、利幅の少ない商品の製造のみを任せられるようになるなど、大手の都合に振り回される典型的な下請け企業のつらさを次々と味わっていた。

沼田氏は鬼か仏か

「秦食品もそろそろ危ないんやないか」——。

そんな噂が流れ始めた頃、秦氏は当時、神戸物産の本社があった兵庫県稲美町に出向いた。神戸物産がスポンサーになってくれるかもしれない。沼田氏とは一度工場を視察に来た際に会ってはいたが、どんな経営者なのかは知らなかった。秦氏は沼田氏を知る友人に電話をかけて、人となりを聞いておこうと考えた。知人の沼田評は——。

「秦、分からへんわ。あのな、仏という人もいれば、鬼というやつもおる」

聞いてかえって不安になってしまった。

秦氏は父と2人で、神戸物産を訪れた。「会社を潰してしまうおっさんなんてお払い箱だろう」。親子そろって後ろめたい気持ちがあった。そんな2人を沼田氏は「一緒に頑張りましょう」と笑顔で受け入れてくれた。帰りは最寄りの駅まで車で送ってもくれた。「普通だったら自分みたいな人はいらないはず。受け入れてもらえたのか」。秦氏は沼田氏を仏と思ったが、それは鬼との日々の始まりでもあった。

利益が出ていても、捨ててください

秦食品の工場再建は沼田氏が主導した。始まって早々、その指示に驚かされる。

冷凍お好み焼きの製造ラインを見て、沼田氏は秦氏に生産量を尋ねた。「2トンです」。秦氏が答えると沼田氏は重ねて尋ねた。「それは1時間当たりの生産量ですか」。1日当たり2トンです、と回答すると、沼田氏は間髪入れずに「すぐにほかして（捨てて）しまってください」と言い放った。これが冒頭のシーンである。

お好み焼き製造は秦食品で年間500万円の利益を生んでいた数少ない黒字事業だった。「500万円も利益を生んでいる事業を捨てるんですか」。驚いて聞き直す秦氏に沼田氏は「そんなん大した利益やない。捨ててください」と同じ言葉を繰り返した。

実は秦氏は、お好み焼き製造のラインには良くも悪くも思い入れがあった。03年、大手外食チェーンの依頼を受けて工場のラインを構築した。銀行から4億円を借り入れ、社運をかけて臨んだ投資だった。

だが、話を持ちかけてきた大手は工場のラインができたのにほとんど発注してくれなかった。それでも他社から注文を取って、何とか利益を生み出せるまでに育て上げた。「利益は少なくても、もうかっているんやけどなぁ……」。

気持ちの整理がつかないまま、秦氏は沼田氏の指示を受け入れた。そんなこともあって当初、秦氏は「(沼田氏に)救っていただいたけど、怖い人やと思っていました」と苦笑しながら振り返る。トータルで捨てた機械の金額は合わせると10億円前後に上った。しかも、沼田氏は捨てる理由を詳しくは説明しない。

記者が改めて判断基準を沼田氏に聞いてみると、23ページに出てきた生産効率だった。沼田氏が求めているのは1時間当たり1トンの生産量。「百歩譲っても1時間当たり、500キログラムの生産量が最低ラインやないですかねえ」と沼田氏は言う。この判断基準に沿えば、確かに秦食品のお好み焼き製造ラインは不要、廃棄処分となる。

多少のギャップならば生産工程の改善でなんとかなるかもしれないが、文字通り桁違いの差があったので「要らへんからほかしといて」ということになったのだ。

もう一つ秦氏が驚いたのは、沼田氏が「営業利益率は7％を目指しましょう」と言い出したことだ。「中小の食品メーカーなら3％もあれば十分に及第点なのに、そんなアホな」と感じたという。

神戸物産では「大容量商品の大量生産によって商品の収益性を高め、顧客からは安価と認めてもらえること」が、自社製造の条件（28ページ）。だから、目標とする利益率、グラム当たりの単価と利幅、そして製造量を掛け合わせれば、工場に求める生産力の最低ラインはおのずと「毎時1トン、最低500キログラムを生産できる商品」になるというわけだ。

秦氏は沼田氏の工場再建法についてこんな言葉で振り返った。「（神戸物産に）買収された会社の人間はみんな、最初は訳が分からず不安になる。利益が出せるようになるにつれて、言われた言葉の裏にある考えが理解できるようになっていく」

主語がないまま進む会話

ある時、沼田氏に聞いてみた。

「なぜ、前段の説明を省いて結論から話を始めるのですか」

「それまでじっくり考えを積み重ねてきたことに照らし合わせて結論を出しているのですが、その過程をいちいち説明するのが大変で、つい省いてしまうんです」と沼田氏。省くのは過程だけではないようで「沼田会長（当時）の言葉には主語がないことが多くて、すぐには何のことか分からないので困ることもあるんです」（秦氏）

ある日曜の朝6時、「沼田です。今大丈夫ですか」。秦氏に電話が掛かってきた。「大丈夫です」。寝起きで潰れた声で返事をすると「ほんまに大丈夫ですか」と言って話が続く。「あれ、分かりましたよ。私、実験したんです」。秦氏は何のことか分からなかったがしばらくして「あ、半年前の話を言っているんや」と気がついた。

過去に沼田氏はゆで卵の殻を剥く工程で、殻が白身に刺さってしまい、可食部の3％ほどがロスになってしまうことに頭を悩ませていた。「殻が刺さらなくすれば、もうけが3％も増えるんやけどなあ」

秦氏はそのことを気にとめていなかったが、沼田氏はその後の半年間、週に複数回、タマゴを自宅で調理しながら、どの温度でどう加工すれば課題を解決できるのかを実験していたのだという。実験の成果を一生懸命、電話ごしに話し続ける沼田氏の声を聞いて秦氏は恥じ入った。

「本当は工場にいる僕らがやらなあかん仕事やったのに、自分は何もしてなかった」

秦氏は当時のことを振り返ってこう言う。「主語がないのも、問題に対してずーっと自分で考えているからですわ。一生懸命にならんといかんのは私のほうやのに、それに気づかなかった自分の姿勢を猛省しました。参った！と思わされました」。

秦食品は神戸物産にグループ入りしてから4年目に黒字転換を果たした。売り上げ規模は00年代の約8倍にまで成長し、営業利益率も二桁をキープしている。

品数を絞り、収益化できる範囲で他社の追随を許さない低価格を実現する。沼田氏の語る工場再建の戦略がうまくはまったケースといえるだろう。

今までの取引、全部やめてください

「初めは、むちゃなこと言う人やなあと思いましたよ」。沼田氏の印象をこう語るのは神戸物産グループ工場のオースターフーズの社長、赤松常男氏だ。

赤松氏と沼田氏の付き合いは長い。20年以上前、赤松氏が大阪の食品メーカーの営業部長を務めていた頃、業務スーパー向けのだし巻き卵を納品したのが沼田氏との出会いだった。

その後、赤松氏の勤め先は05年ごろに倒産。

それを知った沼田氏は「出資するから工場をやってみたら」と赤松氏に持ちかけた。すでに50代で再就職先を探すにしても苦労しそうだ。工場管理の経験はないが、他に有望な見込みもなかった赤松氏は経営者になることを決心する。

勤め先にあった生産設備などを沼田氏の支援を受けて買い取り、新たな食品メーカーを兵庫県姫路市で立ち上げた。例によって、事業は複数の大手小売店などに向けての多品種少量生産だった。

客先ごとに味やパッケージを微妙に変えながら、常時20~30種類の商品を生産するのは時間的にも物質的にもロスが大きく利益が思うように出せなかった。3年ほどして経営が傾き出した頃、赤松氏は出資者である沼田氏に「うまくいかないです。どうしましょうか」と相談に行った。

ちょうどその頃、沼田氏は国内の生産拠点を自社で持つことを模索していた。

「なら、うちのグループに入ってください。全量を引き取ります」

渡りに船のような言葉。だが、続きがあった。

「ついては今までの取引先は全部切ってください。期限は2週間です」

「むちゃだ」と赤松氏は感じたものの、断る選択肢はなかった。

赤松氏は「神戸物産のグループ会社になることになったから」と、取引のあった問屋に頭を下げて回った。「ひどい話や。半年はくれないと」と非難もされたが、どうしようもなかった。

スピード感が違いすぎる

「買収後の沼田氏とのやり取りで何が印象的でしたか」。記者の質問に赤松氏もやはり、製造設備の廃棄について語り出した。

神戸物産入りしてからのことだ。工場を見に来た沼田氏から、ある大型の生産設備を廃棄するように言われたことがあった。「準備ができたら捨てておこう」、そう思って、その日の会話は終わった。

翌日も沼田氏は工場を訪れた。そして、機械が廃棄されていないのを見て「まだやってへんの？」と尋ねた。

「そんなすぐには難しいですよ」

そう話す赤松氏に対して沼田氏は強い口調で言った。

「昨日の話ですよね。無理ではないでしょう」

沼田氏が帰ったあと、赤松氏はこんなことを考えた。もしかして、明日もまた工場の様子を見に来るのではないか。それで機械が捨てられていなかったら、今度はどやされるかもしれない……。

善は急げと業者に頼み込み、大至急で機械の引き取りを依頼。慌ただしくも、何とか機械を撤去し終えることができた。

沼田氏は予想通り翌日も工場を訪れた。機械がなくなったのを見てこう言ったという。

「やっぱりできたやん」

スピード感の違いに「恐ろしささえ感じた」と赤松氏は振り返っている。

また、工場が再建して間もない頃、「1日、工場が稼働できるだけの仕事が欲しい」と赤松氏は沼田氏にお願いしたことがあった。「仕事あげるわ」と即答した沼田氏が提示した業務は、それまで店頭価格150円前後で売っていた卵焼きを、なんと98円に値下げして納品せよという内容だった。

言われるがまま納品したが利益の出ない逆ざや的な安売りで、3カ月ほどで現金がどんどんなくなっていった。「このままではまた潰れる……」。音を上げた赤松氏は沼田氏に「さすがに値上げさせてください」と申し出た。すると、価格は140円前後に戻してもらえた。何を考えているのかと思ったが、値上げをしても客は離れなかった。

というのも、この卵焼き、居酒屋のメニューにすれば2人前くらい提供できるのではないかというビッグサイズだ。コンビニの卵焼きの2倍以上の長さはある。筆者の印象を言えば、正直、これで100円を切るのは安すぎて怖いくらいだ（笑）。

「安かった商品が高くなった」。もしくは昨今よく見かける「値段は変えないが中身が減る

（ステルス値上げともいう）」によって、客がお値打ち感を持てなくなれば、ファンは離れていく。ただ、この卵焼きのケースで言うと、「めちゃくちゃ安かった」が「安い」に変わったレベルだと消費者が感じ、安売りしたときについた客が買い続けてくれたのだった。

筆者が取材した経営者の多くは沼田氏が「（最初は）怖かった」と言う。もちろん、破綻して買収された直後は「生殺与奪を握られていた」という気持ちがあるためだろう。その上で、自分の常識から外れたスピード感が、その気持ちを強めたのではないか。

沼田氏が“お願い”したスピードは再建に利いた。赤字の工場を変革するのに、のんびりしていては業績の急回復などあり得ない。わずかな期間で工場の中の景色が一変したり、生産量が急増したりすれば、経営者だけでなく、従業員も巻き込んで変化を感じさせられる。

「今なら分かる。変化にはスピードが必須で、効果を何倍にも高める。怖さもあいまって、これが強烈な印象に残った」と赤松氏は語っている。

業界の慣習とは真逆

神戸物産が自社グループの工場を増やしたことは、神戸物産側には低コストで自社が狙った商品を大量生産できる体制づくりというメリットをもたらした。一方で、傘下に入ったグループ工場にとってのメリットも大きかったと赤松氏は語る。

もっともありがたかったのは「3カ月先までの生産計画が立てられる」という点だ。赤松氏の場合、過去に卵焼きの工場を自身で経営していた頃は、①午後2時に受注、②午後8時までに生産し、③翌日に納品というタイトな毎日で、週末もろくに休めなかった。加えて、顧客ごとに作る商品の仕様が変わればそれだけロスと失敗の確率も高くなる。

今は、生産するのは商品の賞味期限が長いものばかりなので、神戸物産の物流センターに在庫を一定期間とどめておける。そのため、生産量の変動が小さくて済む。ゆえに週末は基本的に工場を休めるし、生産計画も長期で立てられる。

「考え方が『業界の常識』とはまるで逆なんですわ」。赤松氏は語る。「欠品が出にくい品目、仕組みを作っただけでなく、イレギュラーで欠品したときの対応も違う」

メーカーが欠品を出した際の小売りの反応は、普通はかなり苛烈だ。

小売店から受注した数だけの生産が間に合わず、納品ができなかった場合、メーカー側は「欠品ペナルティー」という罰金を小売店側に支払わなければならないことがある。例えば、「ある商店で1日に平均で1個売れる1000円の商品を3日間欠品した場合、3000円の罰金を求められる」といった具合だ。小売店側の言い分としては「本来売れるはずだった商品が棚に並ばずに機会損失を起こしたのはメーカーの責任」ということになるのだろう。「欠品は悪」という商習慣に縛られるあまり、メーカーは週末も工場を稼働させたり、過剰生産をしたりするケースもある。

沼田氏は欠品を起こした時「人気があるってことや。良かったやん」と、1日程度の欠品であれば意に介さない様子だったと赤松氏は振り返る。棚にお気に入りの商品がない日が時々あると、客は「次は早く店に来ないといけない」「来店頻度を上げよう」といった焦燥にかられる。だからイレギュラーな欠品は、かえって来店動機になり得るのだと沼田氏は語っていたという。一方で1週間も続くような長い欠品については計画や生産管理の瑕疵《かし》があるとして厳しく対応していたそうだ。

なぜ、沼田氏が業界の慣習から外れた仕組みとして、発注よりも生産計画を重視するようになったのか。詳しくは5章で沼田氏に語ってもらおう。

第4章

なぜ、沼田氏は起業家を志したのか

経営者の経営に関しての信念や考え方、価値観は人それぞれです。会社の名前、マーケティング、店舗、こうしたものに起業家の個性が表れるのは、それまでの育ってきた環境や経験が大きく関わっているからだと思います。

となれば、私が経営者の道を進むまでを振り返ることで、業務スーパーの根底にあるものが見えてくるかもしれません。理屈っぽい話が続きましたし、ちょっと私の「昔話」でもしましょうか。

吹けば飛ぶようなトタン板の家の下、たくましく育ちました

私は1954年、兵庫県稲美町で、兼業農家の末っ子として生まれました。

稲美町は神戸市の西隣にあり現在の人口は3万人ほど、田園地帯が広がるのどかな町です。私はこの田んぼが広がる町が物心ついた頃からずっと大好きで、今でも実家のあった場所から徒歩5分と離れていない場所で暮らしています。近所の人の顔ぶれも半世紀以上前から変わらず、ご近所の人生の先輩たちからは、子ども時代と変わらず「昭ちゃん」と呼ばれています。

生家はわらぶき型の屋根にトタン板を針金でくくりつけているだけの平屋でした。建物の入り口から見て左側が住居、右に行くと牛舎で家畜を飼っていました。トイレは母屋とは別の場

所にあったので、月の光がない夜は大変でしたね。街灯もろくにない時代で、何も見えないので（笑）。困るのは台風です。風が吹くと屋根がきれいにすっ飛ぶのです。なかなかに〝面白い〟幼少期だったと思います。

しかし、そのおかげで物事に動じない性格になれたのだと両親には感謝しています。裕福ではありませんでしたが、両親はとても優しく、私はいつも感謝の念を抱いていました。今でも「一番尊敬するのは父親、一番好きなのは母親」です。

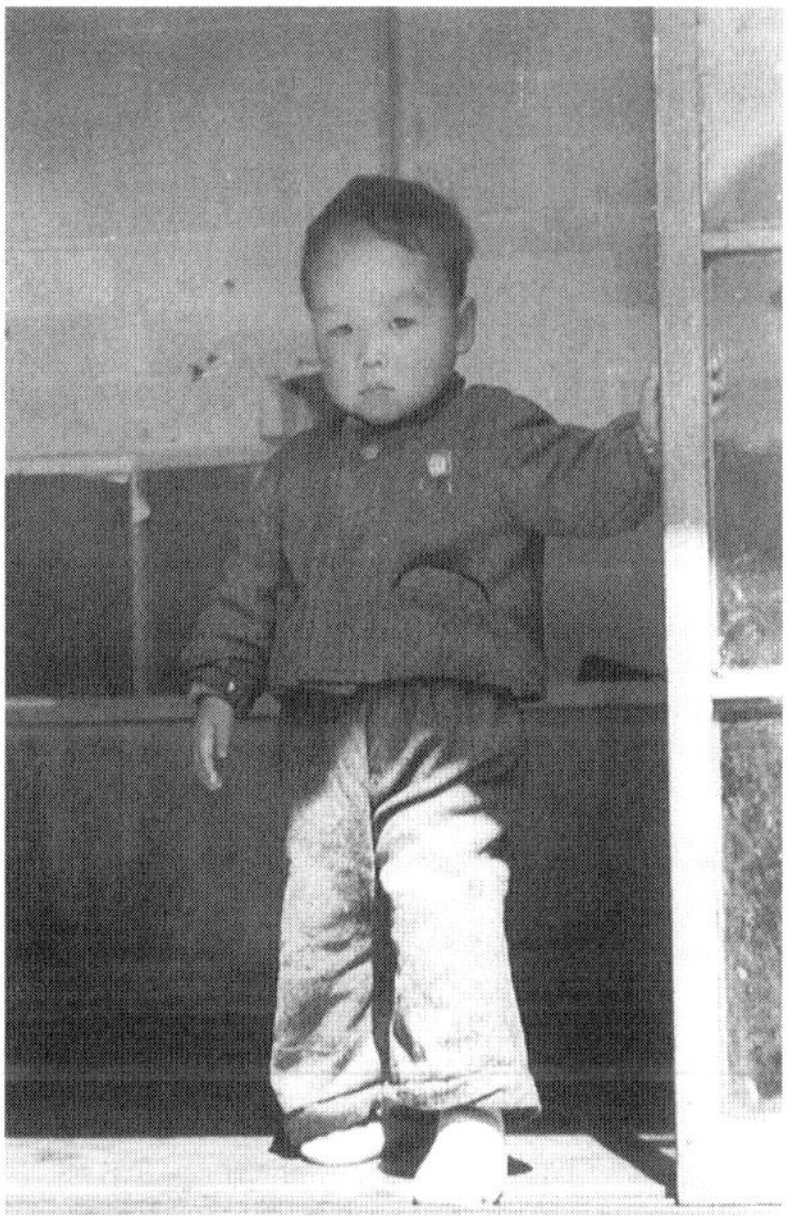

幼少期の沼田氏。家には家畜小屋もあり、牛や馬を飼っていたという

父はバスやトラックで木材を運び、タクシードライバーとしても稼いでいました。気質はとにかく豪快。2人がかりで持ち上げる材木も、軽く1人で持ち上げる腕っぷしを持ち、酒にめっぽう強く、賭け事も大好きでした。

体力があって度胸もよくて、その上、頭も切れたと思います。もちろん欠点もたくさんありましたが、私から見て「すごい人」だったことは間違いありません。

英才教育でギャンブルをしなくなりました

そんな父の姿を見ていて決めたことが1つあります。それは、「賭け事はしない」こと。父が、賭け事で負けて帰ってくる姿をよく見ていたからです。「すごい人」で、賭け事はそれなりに強いと評判の父なのに、です。

父は息子の私にも容赦なく、賭け事の厳しさを教えてくれました。特に花札でよくお小遣いを巻き上げられまして(笑)。「これだけばくちが強い父でも勝てないのなら、自分には勝ちようがない」と思い知ったわけです。ですから、「ギャンブルで勝つ」という発想は、幼少期になくしました。

父の英才教育のおかげか、ギャンブルそのものは人並みにできます。ただし、こうした経験をしていたので基本的に「やらない」と決めています。今でもお付き合いですることはありますが、もうかった金は、必ずその場で使ってしまいます。例えば競馬で大金を得ても、最後はそれを全部外れる馬に賭けてしまって、ゼロにします。

そんな私を見て「沼田さん、何でそんなもったいないことするの？　あそこでやめていたらもうかったのに」という方もいらっしゃいます。

ギャンブルは、その場で勝った分の数十倍、数百倍、最終的には損をするものだ、と私は思っています。ギャンブルというのはそもそも、胴元がもうけるものです。それを生業としている相手に勝てるわけがないんです。なので、ギャンブルで「勝った」というイメージを自分の中に残したくないのです。そうしないと、またやりたくなってしまいますからね。

逆に言えば、私が胴元……というと聞こえが大変悪いですが（笑）、経営者として仕事をする場合は、事業は勝つまでやる。その覚悟を持ってやっています。

ギャンブルで失ったお金は何も生み出しません。一方で事業なら仮に失敗しても、それを次の学びに生かすことができます。

勝つか負けるか分からないギャンブル要素の強い事業はやりません。勝てる場所を探し、勝つための法則を見つけ、「勝つべくして勝つ」戦い方をします。

業務スーパーの「ドル箱」作りも、こうして振り返ると、ギャンブルで負けた父の背中を見てきたから生まれた仕組みなのかもしれません。

「感謝の気持ち」があれば、幸せに生きていける

父が人生の師とすれば、母には感謝の気持ちしかありません。どれだけ苦労して私を育ててくれたことか。

冬場にたらいで大根を洗っていると、縁から水が凍ってくる。それほどまでに冷たい水に手を入れ、毎日、食事の支度をしてくれている。家計を助けるために特技の刺しゅうを生かして、家事をしながら内職もしてくれていました。愚痴一つこぼさず、いつも笑顔でした。

日本が貧しい時代でした。それを考慮しても、中の下くらいの暮らしだったと思います。けれども、貧しくとも雨風をしのげる畳一畳と茶わん一杯のご飯があれば、幸せに生きていける。そして、自分はいつも誰かに助けられて生きているという感謝の気持ち。このことを母から学びました。

だから、私はどんな状況でもあまり不満を持ったり、損をしていると思ったりしません。そして、そうなれたのは母のおかげです。

経営がうまくいき、人より多くのお金を手にすると「自分は特別な存在である」と、勘違い

してしまう経営者は少なくないといいます。横柄な振る舞いをして金遣いが荒くなる人もいます。そうなってしまったら、仕事だけでなく、人生も暗転していきます。

私は何事も「自分を失ったら必ず負ける」と考えています。人生も仕事も、自分らしく生きることが大切です。ではその「自分らしさ」とは何か。これもやはり、幼少期にベースが培われたような気がします。

小学2年で「相場」を知った

私は子どもの頃から「働くこと」が好きでした。

小学校低学年のときは、野生の動物を買い取る業者のおじさんが近所に来ていたので、スズメやカエルを捕まえてはお小遣いを稼いでいました。今にして思えば、あれは違法だったと思いますが、子ども心に商いをしているという感覚が楽しかったのかもしれません。

この時に学んだのは「相場観」です。

買い取り価格は季節によって違いました。例えば、スズメは冬に羽毛を膨らませているのが太っているように見えたからか、夏場よりも高く売れました。

小学4年生になると毎朝5時に起きて、新聞配達を始めました。月給は一番よかった時で1

000円でした。いつもは受け取ると小銭の音がする封筒がペラッペラだったので、心配して見てみると、1枚だけ聖徳太子の千円札が入っていました。本当は900円強だったのを新聞屋のおじさんがおまけしてくれたのです。封筒を開けたときのすごくうれしかった気持ちを、今でも鮮明に覚えています。

6年生になると近所にある溶接工場に行き、やすりがけなどの手伝いをしていました。この時の教訓は「仕事は安全第一で」ということ。隣で作業していたおじさんが機械の操作を誤って、指を無くしてしまう事故を目の当たりにしました。鮮血に染まった軍手を見た記憶も、やはり頭から離れません。

アルバイトで40万円ためた学生時代

中学に入ると、近所の段ボール工場で働くようになりました。夏は50度近くになろうかという加工場で、冬は一番寒い出荷場での仕事を任されました。「下っ端のままだと、こういうつらくて単純な仕事をずっとしないといけないのか」。そんなことを考えていました。これも経営者を志すようになった一因かもしれません。

経営者になってから「効率化」を追求するようになった原体験は大工の手伝いでした。高校時代、実家の隣町だった神戸市の西側は団地の建設ラッシュに沸いていました。アルバイトの私の仕事は資材の運搬でした。

トラックが入れるのは団地に至る階段の前までで、大工のおじさんが「夜に迎えに来るから」と帰っていき、そこからは私が1人で階段を上って、資材や道具を全部、作業場まで運んでいたのです。給料はとても良かったですよ。1970年代初頭で日給が3千～5千円でしたから、今なら1万円強くらいになるのではないでしょうか。

けれども、資材の運搬から大工の仕事まで人手の掛かる作業が本当に多かった。汗を流しながら「なんでこんなに非効率な仕事なんやろうか。もっとほかにやり方はあるんやないか」とも感じていました。今では住宅・建設業界も効率化されているでしょう。例えば「パッケージ化していて簡単に組み立てられるが、ブランドで高く売れる」というような家がありますよね。

しかし、こういう現場の作業でもイチから人生の諸先輩に勉強させてもらえました。工数計算をする時なんかは、ササッと頭でそろばんをはじく癖がつきましたね。いろいろなアルバイトを経験したのは経営者になってからも大きな財産になりました。

稼いだお金は基本的には小遣いとして使ったほか、高校の学費や生徒会費なども自分で払っていました。それでも余るお金は貯金していました。高校卒業時には40万円くらいたまっていましたよ。

高校2年で「自分で事業を起こす」と決めた

そんな私が「自分で事業を起こす」と決めたのは高校2年生のときです。

当時通っていたのは学年で何人かは東大、京大に現役合格しているような進学校でした。自分としても大学には進学したくて、国立大学なら金銭的にも許してもらえると思っていました。けれども、それが難しいことが高校2年のときにはっきりしました。姉と兄は普通高校にすら通っておらず、私はすでに特別扱いされていたこともあって、両親に無理は言えません。

一方で、今よりも学歴がものを言う時代でした。高卒のサラリーマンでは出世は望めません。ならば、商売で自分の能力を試してみたいと考えました。それに、「自分の性格でサラリーマンは無理」と気づいたのです（笑）。

バイトのくだりでもお分かりいただけると思いますが、何をするにしても私は常に「こうすればもっとうまくいくのに」と、自分で物事を動かしたくなる衝動に駆られる性格でした。サラリーマンでは思い通りにビジネスを動かせません。だったら起業しかない、自分でやるしかない、と考えたわけです。

高校卒業後は、ありがたいことに三越さんに入社できました。起業すると決めていたので、あくまで事業を起こすにあたっての勉強という意識でした。私はその頃、「流通業の仕組み」

を学びたかったので、大手百貨店の三越はこれ以上ない就職先でした。モノを仕入れて高く売る、というビジネスは理解しやすいですから、個人で始めるのも難しくありません。

私が配属されたのは三越の神戸支店です。同期入社は100人くらいいて、男は10人くらいでした。ほとんどは高卒入社で、大卒は3人もいなかったと記憶しています。

私は実用呉服売り場の担当になりました。ちなみにこの時家内と出会いまして、彼女は隣の子ども服売り場で働いていました。彼女とはその後、22歳で結婚することになります。

学歴主義と前例踏襲にへきえき

三越に入って、改めて「早く起業しよう」と決意を固くした出来事がいくつかありました。

まず、大手企業はやっぱり学歴社会なんやと思わされましたね。売り場をうまくつくる優秀な先輩社員がいました。40歳くらいで、おそらくは高卒採用の方だったと思います。そこに、大学を出て何年にもならない20代半ばくらいの若手が上司として赴任してきました。東京の名門私大を出た若い社員は、その先輩のアドバイスに耳を傾けず、自分が思うがまま好き勝手に売り場づくりの指示をしていました。

端から見ていて、「謙虚に先輩の意見に耳を傾けて、そこに自分の考えをプラスアルファすればいいのに」と思っていました。学歴だけで偉くなった人間が現場で采配を振っている。こんなことが許される会社はいつか衰退するんじゃないか。そんな不満を持っていましたね。

もう一つ、腑に落ちないできごとがありました。入社して半年たった頃、私は同期の中では売り上げ実績が1番になりました。そこで「売り場から外商部に移りたい」と、支店長との面談で申し出たのです。売り場では学びたいことは習得できたので、別の仕事をしてみたかったのですね。

けれど支店長は、外商部に行くには売り場での経験が必要だといいます。5年か10年か正確な年数は忘れましたけど、合理的な理由なしに、ルールを盾に断られたのです。

「実力主義じゃないんだな」と不満を持ちました。だから自分が経営者になってからは学歴も経歴も関係なく、その人が仕事ができるかどうかで配置を決めるようにしました。サラリーマンになって、半年でこんなことを考えてしまうなんて、やっぱり宮仕えは向いていなかったなと、今さらながら実感しますね（笑）。

結局、三越は1年7カ月で辞めました。もともと1年半ほどで独立するつもりだったのですから、予定より1カ月も長くサラリーマンをしてしまいました。

独立して最初に手掛けた事業は寝具の行商です。三越では実用呉服のほか、布団カバーを担当していて土地勘がありました。仕入れのルートも分かっていて、売れ筋の商品だったので、行商でも売れるだろうと見込んだわけです。

独立して早々、駅の構内で一夜を過ごす

けれども、のっけから躓きました。商品の仕入れです。三越時代に仕入れの段ボールの送り状に書いてあった問屋の住所が東京の日本橋だったので、4社ほど回りました。でも、信用のない若者が急に来ても相手にしてもらえない。「忙しくてしゃあないのに、何しに来たんや」という素っ気ない応対です。4社全部から断られました。

東京で取引先を見つけるのは無理や……そう思って、その日は地下鉄の日本橋駅で一夜を過ごしました。新聞を掛け布団にして、敷布団は段ボール。12月で外には雪がちらついていて、寒かったですね。けれども、気分は悪くなかった。後ろ向きに考えても仕方ないですから。

東京の問屋がダメなら別の方法を考えるしかありません。次の策として、産地で商品を仕入れようと考えました。産地には製品をとりまとめる「産地問屋」と呼ばれる人々がいます。その方々にアタックしてみようと考えたのです。三越で仕入れていた布団カバーには産地として愛知県蒲郡市と記されていました。夜が明けると国鉄の東京駅に行って、鈍行列車で愛知に向かったのです。新幹線はもうありましたが、お金を節約しようと。

蒲郡市では、ご夫婦でアパートの一部屋を事務所にしているような小さな問屋さんが「いいよ」と現金取引を許してくれました。最初の仕入れは布団カバー120枚くらいでしたね。それを数万円で購入したおんぼろの軽トラックで西日本の太平洋側から日本海側まで、各地の団地を回って行商しました。

景気が右肩上がりの良い時代でしたから、仕入れるたびにすぐ売りさばけました。でも、現金取引なので、在庫がはけてから仕入れするまでに数日間のタイムラグがありました。稼ぎもせいぜい、月々10万円、20万円ですから、最初はお金は貯まりません。けれども、取り扱う数量が徐々に大きくなって、始めて3年で100万円たまりました。それから少し暮らしも楽になりましたね。

オイルショックで野菜の行商に

商売が軌道に乗り始めた頃、第2次オイルショックが来ました。

布団カバーはある意味、不要不急の品物ですから、一気に売れ行きが悪くなり、商売をくら替えする必要にせまられます。

ふと行商仲間の様子を見ると、野菜を売っているおっちゃんは、相変わらず景気が良さそうです。食べ物は生きていくのに欠かせませんからね。景気の良しあしはあまり関係ない。そこでさっそく野菜の行商に転身しました。

野菜は遠方で売れませんし毎日同じ場所でも商売はできますから、神戸周辺の団地を回って商売をしました。たちまち経営が安定して、やっぱり、生活必需品のほうが商売として堅いのだと実感しましたね。

オイルショックなどはあったにしても、昭和の時代の日本経済は成長が続きましたから、ある意味、誰でも商売をすれば成功できた時代だと思います。私の野菜行商もだんだんと規模が大きくなって、最大積載量350キログラムの軽トラから1トン車に乗り換えました。

行商で成功すると次はお店を持ちたくなるものです。どれほど質素倹約をしていても、商売の規模が小さいと利幅も小さい。利益の多寡は分母（売上高）の大きさに比例するからです。大きくやるには、自分のお店が必要。ならばやるしかない。

店を持つなら肉や魚も取り扱う必要があります。けれども、私には包丁を扱った経験がありませんでした。

そこで仕出屋さんの運営している懐石料理店で板前をしたり、神戸製鋼の社員食堂で働いたり、短期間で修業を重ねて26歳のとき、8メートル四方の店舗兼住宅を持ちました。

店の名は「フレッシュ石守」。神戸物産の前身です。店名は加古川市神野町石守という地名に由来しています。

81年のことですから、まだまだ日本の景気も良くて商売も繁盛しました。けれども10年ほどでバブル崩壊が起きました。そこから旧来の商売は苦しくなります。その苦悩があったからこそ、業務スーパーは生まれました。この続きは5章でお話ししたいと思います。

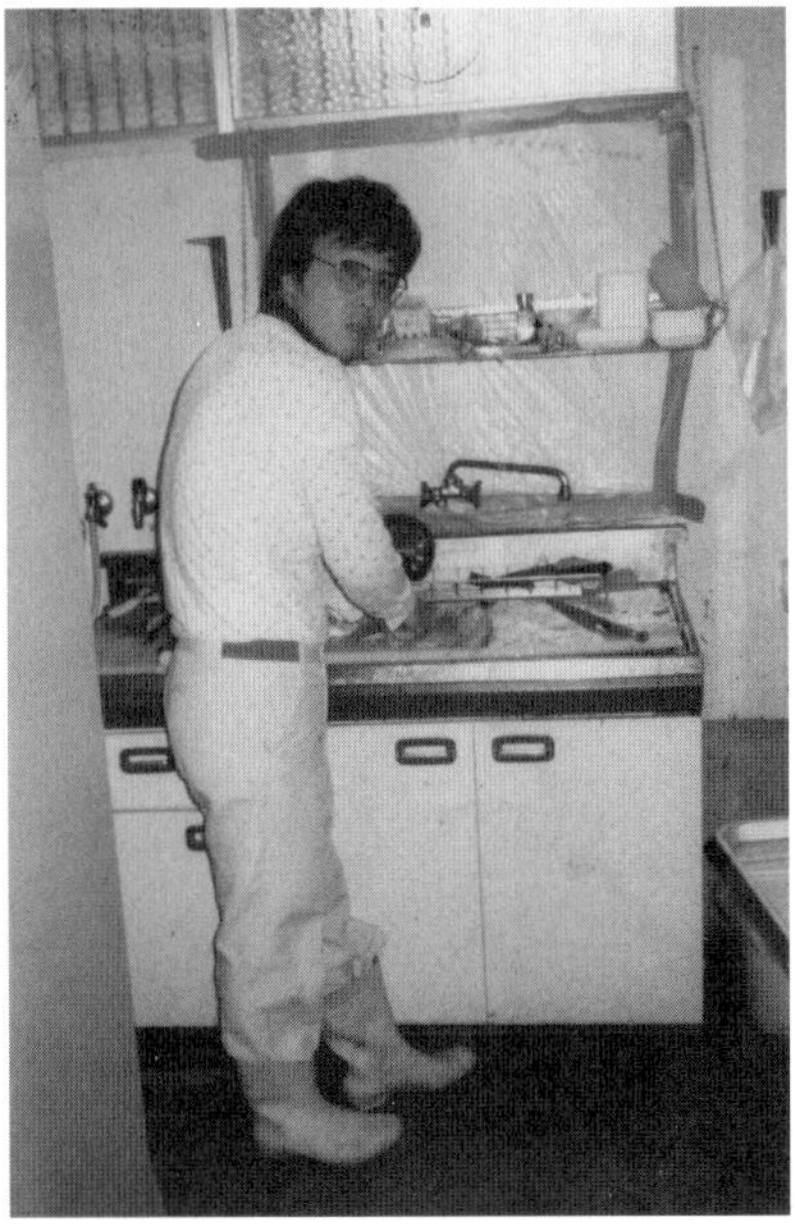

家族経営のスーパーを経営していた頃の沼田氏。魚の下処理や市場での仕入れなど、早朝から深夜まで忙しい日々だったという

第4章　なぜ、沼田氏は起業家を志したのか

記者の眼

取材で見た沼田氏の「ちょっと変？」素顔

起業家には、自分を大きく見せる必要があるという思いからか、派手な装いをする向きも少なくない。沼田氏はといえば、幼少期から金銭感覚は大きく変わっていないのだろうか、身につけているのは質素な品が多い。例えば、ワイシャツ。インタビューの時はいつもだいたい黒のシンプルなものを着ていた。

「黒シャツがお好きなんですか」

「これ30着、同じものを持っています。全部ユニクロですよ。これで十分です」

全部ユニクロなのはともかく、30着同じものを買うというのはちょっと尋常ではない。

「神田さん（筆者のこと）のシャツは？　それどこのですか」

「私のは紳士服チェーンのノンアイロンで……1枚4000円くらいですかね」

そう言うと沼田氏はちょっと得意げな顔で「私の方が安いですね」と言った。

服は既製品でも、経営者なら小物にはお金をかけているんじゃないか。自分は今はスマートウオッチを使っているが、親族が時計マニアだった影響で腕時計の有名なブランドならぱっと見て分かる。ロレックス、オメガ、パテック フィリップなど、男性の経営者ならたいてい腕時計は良いものを着けている。もちろん、カシオの数千円の腕時計を着けている人もいるにはいるが。さて、沼田氏はどちらだろう。

答えは、「着けていない」だった。

「時計、着けないんですか」

「これがありますやん」

沼田氏は黒いガラケー（フィーチャーフォン）を取り出し、開いて見せた。

ちなみにスマホは持っていないが、ｉＰａｄでよくメールや書類をチェックしている。「電話するには携帯の方がええけど、タブレットがないと今は仕事になりませんね」という。

ビジネス以外は無頓着

本人が語った通り、住んでいる場所もずっと同じだ。家の場所を聞いて、Ｇｏｏｇｌｅマップで航空写真を見てみると、田んぼのど真ん中だ。時価総額１兆円企業を築いた経営者がそんな場所に暮らしているというのは、どうなんだろうか。相当珍しい気がする。

けれども沼田氏は「生まれた土地が一番。他のところに住みたいと思ったことは一度もない」と言い切る。

父親はギャンブル好きだったと言う沼田氏は、自身はギャンブルをしないが「ヒリヒリする感覚が楽しいのは理解できます」と話していた。それなら少し嗜むくらいはいいのでは？と聞くと「ビジネスでもその感覚は味わえますよ？」と一言。

スポーツでは、ゴルフは若い時に10年ほどはまったらしいが今ではやっておらず、興味本位で購入したクルーザーもすぐに手放してしまったそうだ。

8章で触れるが、沼田氏は2016年から地熱発電や地方創生を目的とした事業に取り組んでいる。事業には100億円以上のポケットマネーをつぎ込んでいる。つまるところ、事業以外のことには無頓着というか、それほどこだわりがないようだ。

奥さんには頭が上がらない

さて、高校卒業までに40万円をためたという沼田氏。消費者物価指数ベースで今の貨幣価値にすれば、100万円を超える金額だ。こんな子どもはそういないだろう。しかし、その大金は、三越に勤めていた1年7カ月の間に全部使ってしまったという。

「当時つるんでいた友達はみんなお酒が好きで、よく飲み歩いていたんですよ。それでいざ独立しようと思ったらもうすっからかん。言い訳になりますが、インフレの時代でしたから。初任給4万7000円が2年目に5万4000円。給料がどんどん上がる一方で、物価も上がる。仕事用のスーツでも初任給と同じくらいの値段はしましたから。そういうのにお金を使ってお酒を飲んでいたら、すぐになくなりました」

それで結局、沼田氏は行商人として起業する際、後に妻となる女性から10万円を借りて最初の布団カバー120枚と軽トラ、東京、愛知までの往復の交通費などをまかなった。立ち上げの時期に支援を受けたこともあり、沼田氏は「妻には本当に頭が上がらない」のだという。

緻密に調査し、計画を立てて実行する今の沼田氏からはちょっと信じられない気がするが、当然、社会人として、あるいは商売人として素人の時代はあった。

野菜の行商を始めたばかりの頃はライバルが多く、売れ行きも振るわなかった。商品を仕入れ値の半額で在庫処分するしかない時もあったのだという。

玉ねぎを売っていた時、「普通に売っているだけでは他の行商人と何も変わらない」と差別化を試みた。そこまではいいが、「料理をする時に手間がかからんやろう」と、皮を剥いた白い玉ねぎを並べたのだという。

手間は減っても「不衛生」に感じた客は全然寄ってこない。

「皮を剥いた方がきれいやと思ったんですけどねえ。さっぱりでした」

若い時から原理原則を考えているのかと思えば、そんな失敗もあるんですか、と言うと、沼田氏はこう答えた。

「いやあ、もうしょうもない失敗ばかりですよ。でもこういう性格だから常に失敗はつきものだと思っていて、めげることはないですね。ただ、しくじるなら若いうち。若い時の失敗と50代の失敗では価値が違います」

若い頃の失敗経験はその後の長い人生で40年、50年と長く使えるが、年老いてから失敗してもそれを生かす機会が少ないから、だそうだ。

筆者の実家近くにあった「フレッシュ石守」

沼田氏の昔話に乗っかって恐縮だが、私（筆者）の実家は偶然にも氏がつくった2店舗目のスーパー「フレッシュ石守 伊川谷店」に自転車で行けるくらいの距離にあった。いつの間にか店の看板が「業務スーパー」に変わったのを見て「ああ、『石守』は潰れたんや」と誤解していた。運営元が同じだったことを知ったのは、沼田氏を取材するようになってからだ。

「フレッシュ石守 伊川谷店」には幼い頃から母に連れられてよく行っていたので、ちょっと

筆者の実家からそう遠くない位置にあった業務スーパー フレッシュ石守伊川谷店。建て替えたらしく、記者の幼少期とは店構えもだいぶ変わった

愛着もある。他の記者なら誰も持たない疑問だろうけれど、「なんで業務スーパーを新たに作ったのか」が、ちょっと気になる。

というのはこの店、近隣に住宅街が多く、立地はいい場所だったからだ。一般的に地方のスーパーの商圏とされる半径2キロメートル圏内に自分が小学生の頃は小学校が4校あった。ちなみに記者の実家は直線距離で2・5キロメートルはどの距離にあったので、ここまでを商圏に入れれば校数はぐっと増えて11校になる（23年10月時点）。

立地も幹線道路に近いロードサイド。客入りも悪くはなかったはずだ。画一的な商品を並べている大手と異なり、地場で仕入れた新鮮な野菜や魚介類なども売る魅力のあるローカルスーパーだったはず。沼田氏も「小さなスーパーの割には稼げていた」と振り返っている。

結論から言うと、フレッシュ石守は1990年代以降、近隣店との安売り競争に巻き込まれ、沼田氏は新たな事業の模索を迫られることになったのだった。沼田氏がどういった経緯で業務スーパーを開発することになり、大手企業への道を歩み始めたのか。第5章で語ってもらおう。

第5章

業務スーパーはこうして生まれた

家族経営の食品スーパー「フレッシュ石守」は大いに繁盛し、1986年に2店舗目を神戸市に出店する前年には「有限会社フレッシュ石守」を設立して、私は社長に就任しました。31歳の時のことです。翌年から業務スーパーができるまでの10年以上、2店舗体制で営業を続けていました。なぜ2店舗にとどめていたのかというと、私が市場での仕入れや肉、魚の処理といった業務を1人で担当していたので、それ以上に増やすのは難しかったのです。

バブル崩壊で迫られた商売の変化

1980年代、地方の中小スーパーの経営者だった私にとって、目標であり、尊敬していた人、それはダイエー創業者の中内㓛さんでした。

ダイエー発祥の地、神戸に、中内さんが講演に来られた時には足を運びました。ダイエーの将来像などを語る中内さんはすごく輝いていて、「半永久的に繁栄するのだろうな」と信じていたくらいです。「ダイエーの言うことは業界のルールそのもの。全国の他のスーパーが束になっても勝てない存在」。そんなふうに考えていました。心酔していたといえるでしょう。

だからあの頃は、天地がひっくり返ってもダイエーが潰れることなんてないと思っていました。日本の経済だって、このまま右肩上がりが続くと信じていたのです。けれども、ご存じの通り、バブルは崩壊し、神様とさえ思っていたダイエーの経営も暗転していきました。時代の流れは一瞬にして、すべてを変えてしまう。その恐ろしさを痛感しました。

バブル崩壊後、小売業はとにかく「安売り」の価格競争の時代になりました。この頃私は初めて、14ページで触れた、「商品をよそから仕入れて、それをお客さんに安く売る」という、一般的な食品スーパー、というか、小売りのビジネスモデルの限界を感じ始めました。

繰り返しになりますが、値下げ競争の世の中では、たとえダイエーほどのバイイングパワー（購買力）があっても、収益性は落ち続けていきます。加えて、よそから仕入れる以上、小売店に置いてある商品はどこも代わり映えしませんから、結局は価格の他に差別化するポイントがありません。「1円でも安く」を巡る価格競争はきりがありません。

バイイングパワーが発揮しにくい中小スーパーにとっては、なおのこと苦しい時代になります。ここで、ある閃きが生まれました。

差別化できる商品を自社で製造できれば、価格の決定権を持てるのではないのか。

メーカーとしてオリジナルの商品を作って、それを自分の店のプライベートブランド（PB）商品として並べれば、価格競争に巻き込まれない商売でやっていける。

実は、PB商品の製造はフレッシュ石守を立ち上げたときから考えていました。ですが、たった2店舗のスーパーではメーカーへの製造委託などできません。

そこで乗り出したのが、中国・遼寧省大連での食品工場の立ち上げです。手持ちの資金で作ってもらえそうにないなら自分でやってしまえ……というと乱暴ですが、もやれる算段はありました。

当時の中国の人件費は日本に比べたら数十分の一。大学卒のエリートでも月給は日本円にして千円以下です。現地で調達できる原材料も日本よりはるかに安く、現在の中国に比べて、成功した際のリターンが比べものにならないくらい大きかったのです。

1990年末、私は東京の中国大使館を訪れました。

「広東省の深センに食品工場進出を考えている」と相談したところ、深センはすでに開発が相当に進んでいて、中小スーパーの小さな工場が入り込む余地などない、という反応でした。そこで、当時は日本人がほとんど目を付けていなかった東北部の大連に、拠点を構える計画を立てたのです。

大連は現在でこそ600万人の人口を誇る大都市ですが、当時はまだ家屋が引き戸で、信号も数えるくらいしかない田舎町でした。けれども、他に競合する日系企業も見当たらなかったので、周りから協力も得やすく、振り返るといい環境だったと思います。

私は大連で「大連福来休食品（大連フレッシュ）」という会社を立ち上げました。日本向けに輸出するつくだ煮や煮豆、冷凍の混ぜご飯といった食品加工を手掛ける工場建設を計画したのです。

資金を持ち逃げされる

ここまで淡々と語りましたが、工場の建設にあたって、最初はえらい目に遭いました。日本でのスーパーの仕事もありますから、日本と中国を行ったり来たりしているうちに工場の工事が進んでいたのですが、できあがったものを見てみると設計とは全然違うのです。外壁がレンガを積み上げただけだったり、窓を作ることを想定していない構造だったり。工場の立ち上げで地方政府の担当者とやり取りしていても、「こうしろ」と言ってくるルールが役人ごとに違う、本当にめちゃくちゃな世界でしたよ。

大事な資金を奪われた苦い記憶もあります。当時用いていた漢字のサインの筆跡をまねされて、銀行からお金を持ち逃げされてしまったのです。犯人は現地法人の総経理（社長）でした。その失敗があってから、漢字だけのサインは使わないようにして、トレースしづらい文字で書くようになりました。といっても、お金の管理をそういう人物に任せてしまったことが、そもそもの失敗です。工場の建設費や諸経費などを合わせると1億円以上の損失になったと思います。持ち逃げ犯の行方は知れず、後に残ったのはヘンテコな工場だけ……。

こんなことがあっても「やめよう」と思ったことはなかったですね。昭和の経営者の気質といいましょうか。乱暴な言い方をすると、場当たり的。トラブルは「根性」、そしてそこから学ぶ姿勢で乗り越えていきました。

失敗は繰り返してはいけません。けれども、1度で済むのなら、得られる経験値は失ったお金よりも価値があるかもしれない。何よりも自分の失敗ならば、自ら挽回するしかないでしょう。特に海外進出はトップが現地でしっかりと陣頭指揮を執ることが重要です。他人（部下）任せでは実情が分かりませんし、他責の念が生まれます。そうしたことを学ばされた出来事でした。

日系企業からノウハウを学ぶ

やっとのことで工場ができても、神戸物産にはメーカーとしてのノウハウはありません。そこで神戸物産が建てた工場に日系メーカーの製造ラインを誘致して、学ばせてもらえないかと思い付きました。

こんなことを考えたのは、持ち逃げ事件でもお話しした通り、中国で工場を建設して稼働まで持っていくのは、当時はかなりの難事業だったからです。だから、大手メーカーといえども、失敗するリスクを恐れて進出に踏み切れないところもありました。

ところがこちらは「あとは機材を入れて人を用意して生産するだけ」のところまで、お膳立てができている。ここに乗っかるだけでいいのですから、中国に出るハードルは相当下がるはずです。

そこで知り合いのいくつかの食品メーカーに「中国の工場、機材、従業員などは私が用意しますし、品質管理もやります。作ったものは日本で売ってください。リスクはこちらで持ちます。私は同じ製品を、包装を変えてそちらと競合しない日本以外の市場で売ります」と声をかけました。

相手は「中国で安く作りたい」、私はその製造工程から「作る技術」を学びたい。リスクは全部私が負うかたちになりますが、地方の中小企業がノウハウを学ぼうと思ったら、ここまでしないと興味を持ってもらえなかったと思います。

メリットを感じてくれたメーカーが4社ほど、大連での生産に参加してくれまして、日本向けの商品生産を通して、彼らの徹底した品質管理を学ぶことができました。製造過程で問題が起きれば、日本のメーカーに対策を聞いて対処する日々でした。大変でしたが、多くの学びがありました。後年の製販一体のビジネスモデルを作るための有意義な投資だったといえるでしょう。

ウォルマートに学んだローコスト経営

大連での事業を通じて出会ったのがローコスト経営で知られる米ウォルマートです。同社からは「メーカーの視点を持った小売業」の先輩として、多くを学びました。

きっかけは神戸物産が大連で製造していた日本食の輸出ビジネスでの取引です。

実は初めはウォルマート側の応対の仕方に不信感すら抱きました。初対面なのに、工場の中に入ってきて、私と一緒になって生産コストの計算をするんですよ。成分表とか工程表とかを見て「こうすればもっと安くなるではないか」などと提言してくるのです。

「よその家に来て、何から何までオープンにさせて、何から何まで口出しをするなんて、何様のつもりなんやろうか」。腹も立ちましたけれど、「考えてみれば、ようここまで言いよるな、ただ安くしろと言うんやなくて、やり方までいっしょに考えるなんて」と、カルチャーショックも受けましたね。

そしてウォルマートの人は、勉強量が半端ではなかったんです。例えば、缶のお茶があったとしましょう。日本のスーパーは「これ何ロット買うから。値段はこの程度ね」くらいしか言わないのです。発注も「1カ月後にこれだけ納品して」というのが普通でした。このスタイルでは、メーカー側も最長で1カ月分の生産計画しか立てようがないわけです。

ところが、ウォルマートのバイヤーは「原材料はいつ収穫するのですか」「どのくらいのロットで買えば一番安いのですか」といった感じで聞いてくるのです。他にも粉わさびを作っているのを見て、「この辛み成分だったら何倍希釈でないといけない」といった具合に指導までしてくる。

しかも、半年分の生産計画書を策定していないと「コスト（管理）がまだベストではない」と言って、見直しを要求してくるんですよ。

衝撃でした。「すべてが計画ありき。その積み重ねが利益を生んでいる」と思いました。長期で計画すれば製造能力にも余力が生まれますし、コストコントロールもできます。つまり、長期的に安定して商品を供給する方が安くて良いものが作れるという結論に達します。後の「ドル箱」の作り方に通じる気づきでした。

何より彼らの製造に対する知識は日本のメーカー以上でした。私は「商品を売る」という言葉の真の意味を、このとき思い知りました。そこまで知識をつけないと、差別化できるだけの価値のある自社ブランド、というレベルには至らない。つまりは「自分で『ものづくり』をしている」と言いたいなら、製造工場を持っているだけでは全然足りないのです。原料から、工程からちゃんと知っていなくては……。

まして、ナショナルブランドの商品を店に陳列するだけでは「自分の店」とはいえない。競争にも生き残れない。改めてそう感じました。

日系企業の理不尽

メーカーの立場から見ると、日本の小売企業よりウォルマートとの取引の方がサスティナブルだと感じさせられた出来事は他にもありました。

ある時、日系の大手小売りから、恵方巻きの追加発注がありました。

「当初の数より増やすことになったから、足りない分を作って送ってくれ、航空便でいいからすぐに」

300円前後で売る商品なのに、500円の送料をかけて飛行機で送ってくれというわけです。相手は「何があっても欠品は許されない」という考えのもとで言ってきたようでした。おかしな話だと思いつつ、私は言われた通りに相手の要望に応えました。

ところがです。この会社は輸送費を払う気がなかったんですね。苦情は言いましたが話は平行線になり、結局、こちらが払うことになって大損しました。発注量を少なく見込んだ先方のミスだというのに、理解できません。仕事を受ける立場でしかない中小メーカーの弱さを痛感しました。

同様のケースは、実はウォルマートでも起きたことがあります。けれど彼らは輸送費を自社で持ちました。いや、それが当たり前なんですけど（笑）。当初は不信感を持っていたし注文は厳しいけれど、ルールや計画が明確で発注量も多いウォルマートと、信じられない不合理がちょこちょこ起きる日本の小売り。果たして、どちらが筋を通しているといえるでしょうか。

商売は協力してくれるパートナーがいてくれてこそ、成り立ちます。

メーカーも小売りも、自分の立場で物事を考えがちですが、共に栄えてこそ、長期的な信頼関係が醸成できます。商売のパートナーが倒産したり、取引をやめたりすると、また0からのパートナー探しです。今風に言えば、ウィンウィンな取引が持続的な信頼関係の構築につながり、ひいては安定した利益を生み出すことになるのです。

力でもってメーカーから買いたたいたり、場当たり的な納期や発注を行っていたりするのでは、持続的に儲けることはできない。ウォルマートとの出合いからはそうしたことも学びました。

3つの事業をつなぎ合わせる

紆余曲折ありながらも、中国の事業は成長軌道に乗りました。けれども、この頃からいよいよフレッシュ石守にも価格競争の波が押し寄せ、じわじわ苦しくなってきました。お客様も来てくれるし、商品も売れるのですが、利益を出せる価格で売ることができなくなったのです。85年の会社設立以来、95年まで赤字が一度もなかったのですが、以後は2000年の業務スーパーの誕生まで赤字決算が続きました。

当時、私が手がけていた事業はたくさんの課題や無駄を抱えていました。

この頃に手掛けていた事業は主に3種類。スーパー、中国の食品工場、そして冷凍野菜などの輸出入を手がける商社でした。それぞれの課題を振り返ります。

まず、スーパーは現状のビジネスモデルでは赤字から脱却できないことが明らかでした。そして、他社との差別化にはオリジナル商品の開発が必要でした。ただし、中国の食品工場は前述したように、製品を日本に輸出できない契約になっていました。加えて、商社ビジネスは、ずっと赤字でした。

ここで、このように考えました。

① 小売りはある。工場はある。商社機能もある。
② 独自の製品を自分の店の専売にして商売すれば、後発で規模が小さくても生き残れる可能性はある。

③　フレッシュ石守独自の製品を作ればいいわけだが、なぜそれができないのか？

もちろんその答えは「フレッシュ石守の販売力があまりに小さいから」です。なぜ店舗を増やせないのか。資金力がないからです。となると、「資金力がない企業が多店舗展開する方法」が必要です。それは「フランチャイズ（ＦＣ）ビジネスだ」ということになります。

そうなると、あとは「ＦＣとして魅力的な商品」、加盟店にとっての「ドル箱」を、知恵を絞って考えればいいわけです。

ウォルマートのよさを日本に「輸入」するには

私の場合、お手本にしたのはウォルマートです。同社の販管費率である16％をベンチマークとして、これを下回る低コストの店舗をつくろうと考えました。

当時、ウォルマートはＰＢの売れ筋商品を大量に生産し、店頭でフォークリフトとパレットを使って並べるくらいに大量販売していました。……これはだいぶはしょった言い方ですが、そのくらい量を作って売って、販管費を徹底的に下げていたのです。

無論、これをそのまま日本に持ち込むことは不可能でした。店の中でフォークリフトを動かすほどの土地を確保するのは大変だし、店に莫大な投資が必要になるのでは、加盟店が限られ、大量出店もできません。ウォルマートのいいところを日本の実情や私の戦略（＝資金繰り）に合わせる作業が必要でした。

そして、ウォルマートのいいところというのは、詰まるところは「細胞レベルまで分解」して考える姿勢にあったように思います。小売りのバイヤーのはずなのに、メーカーの人間以上に原理原則まで突き詰めた質問をいくつも投げかけられました。私が自覚的に物事を突き詰めるようになったのは、考えてみれば彼らとビジネスをするようになったことも、きっかけの1つだったかもしれません。

ウォルマートの店そのものではなく、彼らの店づくりの思想をまねて後出しじゃんけんをする。彼らの原理原則まで遡る姿勢に常々感じ入っていたので、今度は自分の番、くらいの勢いで考えました。フォークリフトは使えなくても、納品を簡略化、合理化する方法はないのか。あ、段ボールをそのまま並べてしまえばええんやないか。オペレーションはとてもウォルマートと同じようにはできないけど、賞味期限が長かったら、長期計画で製品を作りやすくできるんと違うか。そうしたら工場とも、ウィンウィンでやっていける。ああ、大容量の商品に絞ったらもっと喜んでもらえるやろな。あと何かないか、冷凍食品やな……。こんな感じで一つひとつの課題をクリアーにしていったのです。

けれども、既存の店舗設計、商品、什器《じゅうき》ではウォルマートのような店舗づくりは実現できないことが分かりました。お手本となるような業態が、日本にはなかったのです。やむなく、すべて自分で設計する必要に迫られました（だからこそ、後出しじゃんけんで勝てると踏んだのですが）。そこで、私は米国に渡航を繰り返してアイデアを探りました。

店の視察中、英語で怒鳴られる

57ページでも触れましたが、業務スーパーの冷凍庫は米コストコの冷凍ケースを参考にして開発しました。冷凍食品のラインアップやそれを並べる冷凍庫の設計など、米国のコストコに何度も通い、メジャーで寸法を測ったり、サイズや構造を調べたりしました。コストコは日本より米国の方が冷凍食品の品ぞろえがよく、例を挙げると5キログラムのフライドポテトなど、日本ではあまり見られない大きなサイズの冷凍食品がたくさん売られていました。どんなサイズの商品がどう置かれているかまで、徹底的に研究しました。

「店内にメジャーを持ってあっちこっち測っている変なアジア人がいる」と怪しい目で見られ、怒られることもありました。英語が得意なわけでもないし、早口で何を言っているか分か

業務スーパーの冷凍ケース。冷凍食品が1センチの隙間もなく、整然と並べられている。細かな部分まで販売効率を追求している姿勢がここにも現れている

りませんでしたが、めちゃくちゃ怒っているのは分かる（笑）。

ただ、そこまでやりましたがこれもウォルマートと同じく、そのまま日本に持ち込むのは難しそうでした。日本の店内に置くには大きすぎたのです。帰国すると、日本人の体格や店舗の大きさ、また商圏人口に対してどんな品ぞろえをするのかといったあらゆる面で、コストコやウォルマートがやっていることを、どう日本に落とし込めばいいのかを考え抜きました。

こうして考えていくと、神戸物産が用意すべきFC店は、おしゃれな間接照明で小口の気の利いた商品が並ぶ、リッチな生活者向けの都市型スーパー、ではなく、長持ちして大容量の商品が段ボールでそのまま置いてある、

超実質本位のお店、ということになります。つまりプロと大家族向き。

そこまで考えた上で、46ページで申し上げたように、キャッシュ&キャリーの分野で競合を一気に追い抜けるビジネスモデルを模索したのです。

勝負の分かれ目は50店舗

当時はまだ日本の工場の買収に手を付けていませんでしたので、中国で生産した品を日本に輸出できるようにすることが絶対条件でした。私は大連の工場に参画してくれた取引先に「厳しい時代ですので、日本で業務用のスーパーをつくろうと考えています。どうか日本で売らせていただけないでしょうか」と誠心誠意お願いして回りました。業務用のスーパーの商品が大容量パッケージで各社の製品と狙う客層が異なっていたことも奏功してか、皆さん快諾してくださいました。

そしてFC展開については、スタートダッシュに成否がかかっていました。

神戸物産から加盟店向けの卸売りは店舗数が少なすぎると、仕入れ値が高くなります。高値で仕入れた商品を安値で売る期間が長引けば、業務スーパーは日の目を見ずに潰れてしまいます。黒字化の目安は50店舗。これをどれくらい短期で達成できるのかが勝負の分かれ目でした。

どうやってFCに入ってもらうか。「もうかる」という確信がなければ、加盟店になろうとは考えてもらえません。実績がないのに理屈だけで契約してもらおう、というのはどう考えても虫がいい。そこで業務スーパーは最初の6店舗までは自己資金で展開しました。いくら口で説明したところで「売れている店」を見せる説得力には敵いません。腹をくって、資金がある間はできるところまでやってみようと決めました。

そして、ついに1号店がオープンを迎えました。

オープン日、お客が来なかった1号店

成功させる自信はありました。完璧な計画を立てて臨んだつもりです。けれども物事はそう簡単には進みませんでした。

1号店は神戸市の北側に位置する三木市でオープンしました。県道沿いではありますが、これ以上ないいくらいに立地の「悪い」場所でした。建物もあまりきれいとは言えないし、以前は鉄工所の跡地です。家はポツポツありますが、1キロメートルも離れていないところに山や田園地帯が広がっている。そんなのどかな地域でした。

でも、あえてそういう場所を選んだのです。立地のいい場所で成功しても「この場所だから

ね」と割り引いて評価されるでしょう。それでは、加盟店を一気に増やすのは難しい。「こんな場所でも売れるなら、俺でもできるんやないか」という声が欲しかったのです。正直、お店ができあがった時に一目見て「やりすぎた、これは無理かもしれない」とびびりましたけどね。

果たして開店初日はオープンして数時間、お客さんが1人も入ってこなかったのです。あまりにも人が来ないので、チラシ屋さんに「ほんまに配った？」と確認したくらいです。今の業務スーパーなら、走り出しが悪いお店でもオープン日に400万円前後の日商を稼いでいるはずです。1号店は20万～30万円だったと記憶しています。それくらい悪かったのです。

2年以上、知恵を絞ってつくった業態なのに……「滑ったなあ」と、この時ばかりは冷や汗が止まりませんでした。業務スーパーという名前も、確信を持って私が名付けましたが、周りからは「へんな名前や。そんなんでどないすんねん」と総スカンでした。もしかして、自分の計算は間違っていたのかと少し弱気になりました。

突っ立っていても仕方ないので、道を歩いている人に声を掛けました。「どないでしょ、業務スーパー、見ていかれませんか？」。すると皆さん、42ページで話しましたように口をそろえて「えっ、私、ただの主婦やねんけど、このお店に入って買い物してもいいの？」と聞くのです。業務スーパー、としか書いていないから業者さん向けだと思われた。元々勘違いさせるような店名を付けたのは私なのですが。

看板のデザインは当初から緑を背景に、白字で「業務スーパー」でした。右上に若干、スペースがありました。狙っていたわけではなく、偶然です。

そこで、看板の業者さんに「今日中に看板の空きスペースに『一般のお客様大歓迎』って書いて」とお願いしたのです。その日の夜にクレーン車で看板の上から文字の入ったシールを貼ってもらいました。これが今の業務スーパーの看板のルーツです。

これが利いて、翌日から売り上げは伸びていきました。普通、スーパーって開店日が売り上げのピークなのですが、業務スーパーはどこでオープンしても開業直後はいまひとつで、数週間たってから売り上げが尻上がりに伸びていきます。「自分は入っていいのか」と一見迷う店名の影響で、スロースターターなのですね。

他人は実績しか信じない

ほかにも改善した点はあります。業務用の商品だと商品名や賞味期限といった情報がプリントされていなかったりするので、そういった部分も対応に迫られました。冷凍庫も当初は排水用の配管を凍らせてしまったり。振り返ると、2年考え抜いた計画の割には穴が多かったですね。ただ、「最初から何か起きる」という心構えがあれば、ショックも少なくて済みます。

ＦＣ展開は「Ａタイプ」と「Ｂタイプ」に分け、Ａタイプは加盟店のオーナーさんが店舗探しから店づくりまですべてやる、Ｂタイプはそれらをすべて私ども神戸物産側がやる代わりに、倍のロイヤルティーを頂く、としました。

最初はＡタイプで契約する企業さんは現れなかったのですが、Ｂタイプで開業した店が繁盛すると分かると、Ａタイプで契約する企業さんが加速度的に増えていきました。加盟を検討していた企業も「これならいける。うちがもうかるＡタイプでやりたい」と判断してくれるようになったからです。結局、Ｂタイプの６店も買い取ってもらえて、Ａタイプになりました。

業務スーパーは１号店開業から、１年半後の01年10月で店舗数が36、02年10月には68と順調に数を増やし、03年には１６０店舗に達しました。神戸物産の業績も右肩上がりで伸びていき、06年には大証２部への上場を果たすことになるのです。

事業を始める前の仕組み作りは確かに重要です。でも、人事を尽くしても何かしら想定外のトラブルが起きるのです。２年以上、準備に時間を費やしてもオープン日に看板を変えるようなトラブルに見舞われるくらいなのですから。計画通りに事が運ばなくとも、じっくり考えた結果ならば、動じないことが肝要です。

冷や汗を流したのは誰やねん？　はい、言うは易くですね（笑）。

記者の眼

「頭を下げなくていい商売」はドル箱の証

業務スーパーのロイヤルティーが仕入高（神戸物産から仕入れた商品の総額）1％に設定されている理由は、加盟店を増やしやすくするためだった。沼田氏はこんな言葉で語っている。

「頭を下げる商売をしたくなかったからです」

言い換えると「こちらから口説きに行かなくても、興味を持ってもらえるビジネスモデルを作った」ということらしい。例えば、大手コンビニならインターネットや新聞の折り込みでよくオーナー募集広告を出している。沼田氏から見ると、こうした宣伝はコストになる上に、自社が「頭を下げて」加盟店を募ることになるから好ましくないのだという。

互いにもうかれば、店は自ずと増える

ロイヤルティーが少額なことで加盟のハードルが低くなることはもちろんだが、加盟店のオ

ーナーが利益を出しやすいことは、「もっと店を出せばもっともうかる」と、店舗数を増やす意欲にもつながる。店舗が増えれば仕入れも増えて、フランチャイザーの神戸物産の本当のもうけどころである、オリジナル商品の売り上げも増大する、という好循環が生まれる。

神戸物産は現在、関東一都三県、関西、北海道、九州の17都道府県を本部が店舗出店などを差配する「直轄エリア」としており、そのほかの地域は15の企業が県単位でオーナーを務める地方エリアオーナーがいる。

直轄エリアと地方エリアの契約社数は合わせて104（23年7月末時点）だ。これに対して店舗数は1038店舗（2023年9月時点）ある。1社当たり数十店舗単位で運営するオーナーがほとんどだ。

「やっぱりウィンウィンじゃないと、ビジネスは拡大しないし、持続できないんですよ」（沼田氏）

業務スーパーはフランチャイジーから「ドル箱」システムと見なされ、それ自体が商品として好評を得た。

2000年代前半に規制緩和の波でディスカウントストアや大手スーパーとの競争で苦境に陥っていた各地のローカルスーパーや酒販店など、中小の小売店から加盟の希望が殺到。事業開始からわずか3年余りで店舗数は160に達し、業務用の食品スーパーでは沼田氏のもくろみ通り、ナンバーワンとなった。

頭を下げるビジネスは経営が不安定になる

業務スーパーを生み出して以降、神戸物産は成長が続いている。08年に中国毒ギョーザ事件という危機が襲い減益となったものの、それを奇貨として国内で製造拠点を次々と手に入れたのは第3章で触れた通り。この局面でさえ店舗は増えており、増収は24期連続だ。

成長軌道に入る前に、沼田氏は1つ事業を整理している。1990年代半ばから手がけていた、国内のスーパー向けに冷凍野菜を卸すビジネスだ。

冷凍野菜の卸業は、現在の神戸物産の主力事業につながっている。なぜ、事業をたたんでしまったのだろうか。品質管理が難しかったこともあるが、大きな理由は「頭を下げるビジネス」だったことだ。

冷凍野菜そのものは他社と差別化した商品にするのは難しい。しかも、せっかくサンプルを作って営業をかけても、発注する側の都合で一方的にキャンセルされてしまうことがたびたびあり、安定した在庫の管理ができなかった。この事業は一度も黒字化できなかったのだという。

沼田氏は自分自身がメーカーと商社の立場に立ったことで、バイイングパワーを持つ顧客が理不尽なまでの支配力を持つことを思い知った。「それに抗って経営を安定させるには独自の商品、独自の販路が必要だ。そうすれば頭を下げずに済む」と結論を出した。冷凍野菜を業務スーパー以外の他店に卸す事業を閉じたのは、その決意と、その正しさが、沼田氏の中で明確になったためだろう。

「頭を下げなくても（＝コストを掛けて宣伝をしなくても）加盟店が増える」のはいいが、増えた加盟店の面倒を見る手間がかかりすぎると、本部の経営が圧迫されてしまう。そこで利いてくるのが第2章で見てきた業務スーパーの店舗とオペレーションだ。

段ボールでの陳列、バックヤードが小さいこと、賞味期限が長い商品が多いこと、冷凍庫への工夫。これらは、ローコストでもあるが、同時にすべてが「管理のしやすさ」にもつながっている。だから店が増えれば増えるほどもうかる、まさに「ドル箱」だ。

沼田氏も認める通り、業務スーパーの店内はちょっと照明が暗めだったり、商品のパッケージがそっけなかったりと、彩りや高級感には欠ける。だが「業務スーパー」という店名を見て入ってくる客にはこうした店内はむしろ「プロ向け」に見える。一般客は看板を見て「一般客が入っていいのか」と逡巡するものの、一度入ればその安さからリピーターになる。

事実、1号店ができてから5年近く経った05年には「客の7割が一般客」（同年1月10日号・日経ビジネス）となった。大容量を求めるプロはもちろん、一般客も値段の安さを見て

「大容量だから安いんだ、なるほど」と、納得する。お客さんにも「愛想のない店ですみません」と〝頭を下げる〟必要はないわけだ。

第6章

創る人から磨く人へ受け継がれる「ドル箱」

2016年、私は神戸物産のCEOを退き、1年ほど顧問を務めた後、17年5月に退職しました。以来6年間、私が神戸物産に足を踏み入れたのは2回だけです。

1度目は地元の自治体の方にお目にかかるときに会議室を借りたとき、2度目はこの書籍に収録する親子対談の際です。今、神戸物産の社長を務めている博和君（私は自分の子どもであっても1人の人間として見ているので「君」を付けて呼ぶようにしています）と会社で話すのは6年ぶりでした。グループ工場の社長や加盟店のオーナーとの付き合いは個人的に続けていますが、工場やお店の経営には一切口出しをしていません。

私が名実ともに神戸物産を離れたのは、63歳の頃です。創業者が経営から退くのには少し早い、と思われるかもしれません。

なぜ、この年齢で博和君にバトンを託したのか。その理由をお話ししたいと思います。

後継ぎのために「口を出さない」

12年に博和君が社長に就任し、そこから4年間は私がCEOとして神戸物産に残って、ダブルトップ体制で経営していました。17年に私が神戸物産の経営を離れてからは、博和君がワントップです。自分の息子なので親ばかのように聞こえてしまうでしょうが、よくやってくれていると思います。時価総額は1兆円になりましたし、私が代表を離れた年に2392億円だった連結売上高（16年10月期）も今や4068億円（22年10月期）にまで成長しました。増収だけでなく増益も続いています。

私としては「息子への事業承継はこれ以上ない成功だった」と、自信を持って言えます。多くの経営者が後任への引き継ぎで頭を悩ませている中で本当に幸運だったと思います。幸運のほとんどは博和君という、立派な後継ぎがいたことです。けれども、自分なりにうまくいくように心がけていたことが1つだけあります。それは、後継ぎが何をしようとも「口を出さない」ことです。

ただし、私が退社するとき、一言だけアドバイスしました。

「私と同じことをしてはいけませんよ」

なぜ、そんなことを言ったのか。博和君とは会社で7年、一緒でした。経営会議に参加してもらったり、海外視察に同行してもらったりして、私の考えは伝えました。けれども、当然のことながら彼と私では育ち方も人格も、あるいは考え方も異なります。

私は自分の最も得意とするスタイルで経営に臨んでいました。だから、博和君が私と同じことをしても、私を超えることはできないでしょう。覚悟と責任を持った上で、自分の信じることをやり切ってほしい。だから、事業の報告も「一切しなくていい」と伝えています。

私はトップダウン型の経営者でした。商品開発でも工場の再建でも何でも、自分の考えるままに組織を動かして事業を具現化していくタイプの経営者だったと思います。

これは、自分がトップダウン以外の方法では力を発揮できないことを、自分自身でよく分かっているためです。私のようなタイプの人間は、創業者に向いています。「何か」を生み出すことが得意な人間です。一方で、博和君はある程度の規模まで成長した事業を拡大させることについては、私以上のものを持っていると感じました。

だから、なおさら同じような道を歩む必要はないと思います。社員に聞くと、博和君は「聞く力」があると評されていました。トップダウンでしか経営できなかった私にはまさしく足りていなかった能力です（笑）。ただ、実は家族として一緒に暮らす中では、「博和君は私よりも短気なところがあるな」とも思っていました。ひょっとすると、それを会社では見せないようにしているのかもしれませんね。

経営がつらくなったら、手放してくれたっていい

口出しをしないのはある意味で、業務スーパーのビジネスモデルに絶対の自信を持っているからです。加盟店がもうかれば、神戸物産ももうかる。神戸物産の株価が上がれば、株を保有

している加盟店がキャッシュを得る助けにもなる。そういう持続的な仕組みができているので、事業そのものの先行きについては、あまり心配していません。

業務スーパーというドル箱は「あまり手を掛けずに持続できる」のが強みです。これを崩さないために、守るルールは1つだけ。「加盟店を1番にもうけさせること」です。2番目は従業員で、3番目は取引先。

加盟店に損をさせてしまうようなことをやると、本部への不信につながるし、店舗網も広がらなくなります。店の売り上げと利益を上げ続けることは、ドル箱がドル箱であり続けるための前提条件です。これだけ守ってくれていれば、ドル箱としては安泰。だから後のことは博和君の自由にしてほしい。

いつか、私が絶対だと考えていたものが、そうでなくなる日が来てしまうかもしれません。それで博和君が苦しむことになるのであれば、神戸物産を他人に譲ってしまってもいいのです。体や心を壊すまで頑張ってほしいわけではない。

神戸物産は我が子のように大事な存在で、私の人生そのものです。でも、本当の息子の方がかわいいに決まっています。

そういう気持ちも全部ひっくるめて、私は今の神戸物産や博和君のやり方には、「何も口出しをしない」と決めています。

サラリーマン社長ではダメ

実は博和君の子ども時代も含めて、私から彼に対して「後継ぎになってほしい」と言ったことはありません。期待はしていましたけれど、家族の中に仕事の話を持ち込むことはしませんでした。これは、我が家で妻とのルールとして子どもが幼い頃に決めたことでもあります。

博和君は大学院修了後に関東にある製薬会社に入社しました。28歳のときに結婚を機に関西へ戻ってきて、自らの意思で神戸物産に入ってくれました。内心、とても嬉しかったです。

「彼の意思で神戸物産に入ってくれたのなら、彼以外に後継ぎはいない」

このとき、はっきりそう考えました。

最初は店舗で働いてもらい、1年後には部長に昇進させ、その後は1年で取締役、さらに1年で社長に就任してもらいました。入社3年足らず、31歳での社長就任でした。規模は違いますが、これは私が31歳で家族経営だった食品スーパーを法人化して会社の社長になった体験を踏まえてのものです。また、私が会社にいる間は失敗してもいいので、経営者としての経験を積んでほしいという思いもありました。

私は創業者の次の世代でさらに会社を大きくするのであれば、自分の子どもに後を託すのが一番いいと思っています。

世襲というのは、今の時代の流れには逆行した考えかもしれません。

しかし、会社の経営とは、「与えられた仕事をリストに沿って片付ける」雇われの人、サラリーマンではなく、「自分のやりたいことを実現する」覚悟と能力を持った人間がやるべき仕事です。個人的な意見ですが、サラリーマン的な経営者は株価の変動や短期的な業績に目を奪われがちで、長期的な目線に立った経営がやりにくい立場にあると感じます。そんな人ばかりの世の中になってしまったら、日本経済の復活もあり得ないと思っています。

もちろん、博和君がそうした覚悟を持った人間であるかどうかは、彼が31歳で社長に就任してからの4年間で注意深く確認させてもらいました。私よりもバランス感覚があり、社員からも好かれていると感じましたので、任せることに、何のためらいもなかったですね。

もしも博和君が他人だったとしても、彼自身の能力を見て、後継ぎをお願いしていた可能性は十分にあります。

と、自分としては合理的に納得しているのですが、他の方にはどうしても親のひいき目とみられることでしょう。それは仕方ありません。それに結局のところ、社長の器かどうかは、やらせてみないと分からないものです。彼が神戸物産を成長させ続けていることが、私の判断が親ばかかどうかの答えでしょう。

もし博和君に社長としての器が備わっていなくて、神戸物産が不振に陥っていたらどうしたか？　……どうしていたでしょう。想像もできません。幸い博和君はちゃんと実績で証明してくれた。本当に運が良かったと思っています。

ですので、私が神戸物産から去る前にはすべての取締役に対して自信を持ってこう伝えることができました。「これからは博和君の言葉が私の言葉です。会社を去った後は口出しを一切しないいし、意見を求められても答えません」

死線を２度さまよう

60代前半で事業承継して、会社を去った創業者というのは少ないと思います。私が早く後継者を決めたのには、２つの理由があります。

１つは神戸物産に業務スーパーというドル箱を生み出せたことで、お金儲けについては「やりきった」という満足感を得られました。だから、他に自分のやりたいことをやろうと考えました。

詳しくは第7章でお話ししますが、やりたいことはお金もうけよりも、日本の社会問題である食料とエネルギーの自給率改善について取り組むことでした。これは私の積年の想いです。神戸物産を離れて、この具現化に集中したかった。

もう1つは、私自身の健康問題です。

人間はいつ死ぬか分からない。自分のやりたかったことに取り組む時間と体力があるうちに、神戸物産からは手を引いたのです。経営者の健康状態は、それ自体が事業リスクにつながります。大病を患えば事業継続が難しくなったり、上場企業であれば株価の下落を招いたりすることもあるでしょう。軽視してはいけません。

私は現在69歳です。これまで、50歳と60歳のときに2度、大病を患いました。50歳のときは甲状腺がん、それもステージ4を宣告されました。当時、神戸物産の経営は順調で、まさに上場を目指して慌ただしく動いていた矢先のことでした。

あのときは精神的に大きなショックを受け、死も覚悟しました。けれども、長時間に及ぶ手術を経て生還しました。

私はこの時に一度、社長を退任しています。代わりに4年ほど右腕を務めてくれた方に社長を任せていたのですが、08年の中国製ギョーザ中毒事件（15ページ）で社内外が大騒ぎになりました。それでまた、私が社長に戻らざるを得なくなったのです。その方には本当に大変な思いをさせてしまいました。今でも申し訳ない気持ちを持っています。

60歳のときは脳幹脳梗塞です。関西国際空港で飛行機に乗る前に突然、ふらっと倒れて、空港近くの病院に緊急搬送されました。右半身にまひがあり、手や足、顔面が1ミリも動きませんでした。

どちらの病も基本的に、会社の人たちには黙っていました。不安にさせたくなかったからです。周りには長期の海外出張に出かけていると伝えて、入院生活を過ごしました。

でも、私自身は会社のことは心配していませんでした。会社は私がいなくても、十分に回る仕組みが出来上がっていたからです。「自分がいないと困る会社はつくらない」。こうした仕組みを作ることは、経営者の責務だといえます。そう、つまり「ドル箱」を作ることですね。

後悔しないために大事なこと

私の人生に、本当に後悔がないかと問われたら、そう言い切れるかは分かりません。けれども、できるだけ後悔のないように日々を過ごしています。

若くても「死」がいつ訪れるかは予想ができない。私もまさか50歳でステージ4のがんになるとは思っていませんでした。

後悔は「何か問題があることを知っていながら、手をつけていなかった」というときに起こる気がしています。私の場合、それは日本が抱える問題である食料自給率やエネルギー自給率でした。私はそれらの問題に神戸物産時代から着手し、今もなお、町おこしエネルギーで手がけています。私が「いつ死を迎えても後悔しないように生きたい」と思うからやっているわけです。

人には、周囲の人たちにお世話になって育ててもらっている時期と、その恩を返していく時期があると思っています。私は神戸物産を皆さんのおかげでつくらせてもらいました。本当に感謝の気持ちに尽きます。ですから私は今後、「これをしておかないといけない」と考える事業に没頭して、皆さんにこれまでの恩を返していきたいと思っています。それが後悔しない生き方につながる、と考えているからです。

親子対談

長男から、2代目から見た沼田昭二

兵庫県加古川市の本社オフィスで対談した沼田親子。昭二氏は専門的で込み入った話が多く、博和氏は平易な言葉で話すタイプ。雰囲気は似ているが、この点は好対照だった（写真：菅野勝男）

沼田昭二氏は、長男で創業家2代目社長の沼田博和氏に「代替わりしてからは、経営に口出ししない」と決めていた。そのためか、親子での対談もしたことがなかったという。

「せっかくの機会ですからやってみませんか」と私（筆者）から持ちかけてみた。博和氏から見た父親として、先代としての沼田氏の実像をぜひ聞いてみたかった。ここでは2023年8月末に兵庫県加古川市の神戸物産本社で行ったインタビューを掲載する。

父の帰宅に「いらっしゃい」

――博和さんの幼少期、父親としての昭二さんはどんな方だったんですか。あまりにも家に帰ってこないので、他人に間違われたという話も……。

沼田昭二氏（以下、昭二）：帰ってこない、ではないですよ。博和君が寝るときに肉をさばいていて、朝は起きる前に市場に行っていたんです（笑）。

――失礼しました（笑）。

沼田博和氏（以下、博和）：父とは顔を合わせる時間が本当に少なくて、幼少期は（昭二氏が）帰ってきたときに「いらっしゃい」と言ったらしいです（笑）。

昭二：大変傷つきまして、もう忘れもしないです。

――物心ついてからの、父としての昭二さんとの思い出はありますか。怒られたこととか。

博和：怒られた記憶はほとんどないですね。一度、小学生の頃、あまりにも宿題をしなかったか何かで、父は机の後ろに仁王立ちして、私が宿題を終えるのを待っていました。それくらいじゃないですかね。

――その後、博和さんが大学生の頃に業務スーパーが生まれました。創業に当たっては、1999年に家族会議をしたそうですね。覚えていますか。

博和：「フレッシュ石守が赤字になっていた」という事情（132ページ）は初めて知ったので驚きました。父は「私財を全部投じる。業務スーパーにすべてを賭ける」と。あとは店名やコンセプトの説明ですね。大容量の業務用の食品の卸売りで、一般のお客さんにもそれを開放する、というような。

父からは「どう思う」と意見を聞かれましたが、深く考えずに「分かりやすくていいんじゃない？」と、軽い感じで答えました。資金繰りなども理解できていなかったんですが、ただ「まあ、うちの父がやると言っているんだから、（反対しても）やり通すんだろうな」と。

昭二：みんな「やってみたら？」というような反応でしたね。「子どもたちの大学卒業までの学費は確保している」ということは説明した上で「6店舗まではなんとしてもやり抜く覚悟だから、それまでは勝負をさせてほしい」と話しました。失敗したら、その先の人生は自分で働くなりして何とかしてくれと。これは家族に対して伝えておくべきだろうと思いまして。

入社日に経営会議に出席

――博和さんはその後、大学院を修了した後に関東の製薬会社を経て、28歳で神戸物産に入社されます。

博和：実は入社初日から大事な経営会議に参加していました。もちろん、当初は議論の本質的なところは分からないです。その分からない中で、父から「博和君、どう思う」と質問を受けていました。

1992年に撮影された親子写真。昭二氏はめったに怒ることがない父親だったという

――入社初日に経営会議に。かなりスパルタ式ですね。

博和：内容は覚えていないのですが、難度は高いですよね。ただ、それを経験できたおかげで「自分で考える」という癖がつきました。

何か指示を受けたとして、その裏にある意図は何なのか。会社の現状に鑑みて、どうしてこういう指示になったのか。自分ならどうしたか。過去に父は似たようなケースでどんな判断を下しているのか。そうしたことを言われなくても考えるようになりましたね。これは後継ぎかどうかに関係なく、マネジメントする人なら誰でも同じだと思いますが。

昭二：かなり早い段階できっちり自分の考えを話してくれるようになりました。彼に後を継いでもらいたいと決めていましたし、それは博和君も理解してくれていたでしょう。

「私の後ろ」ではなく、自分が引っ張るという気持ちを持ってほしかった。だからこそ、緊張感を持ってもらうように接しました。1年たった頃には後継者としては全く問題ないと確信を持てましたよ。

――入社3年で博和さんは社長に就任しました。その後、4年間は二人三脚で経営をしていました。親子で一緒に仕事をされる間に学ばれたことは。

博和：帝王学をきっちりと教え込まれるスタイルではなかったです。背中を見て学ぶというか。例えば、海外視察にはよく一緒に行きました。毎年2週間かけて世界中のスーパーを回って、市場の中でのその店の立ち位置や店づくりの思想などを考えるわけです。

鮮明に覚えているのは米国の東海岸にある「トレーダージョーズ」というスーパーですね。ここはアメリカ版業務スーパーみたいなスーパーで、商品の9割以上がプライベートブランド（PB）商品です。だからその商品を買うために顧客が付いている。まさに業務スーパーのやりたいことが具現化されている業態です。

店に行って冷凍庫や什器の設計、商品を見ながら「これはうちでも作れるんじゃないか」とか、父と話しました。

――コストコにメジャーを持っていった話（135ページ）を思い出しますね。

昭二氏：そうですね（笑）。

「どう伝える」を見直した

――神戸物産は昭二さんが会社を離れた2017年以降も、増収増益が続いています。時価総額も上がり続けて21年には1兆円を超えました（23年10月13日時点では1兆2600億円）。博和さんは昭二さんが残した強み、ないしはかねての課題を、どのように伸ばしたり、克服したりしたのでしょうか。

博和：商品力そのものには自信がありました。ただ、自分がトップになって改めて感じた課題というのもあります。それは作り手としては自信を持っている部分が、消費者にうまく伝わりきっていないのではないかという点です。「伝える力」が足りていなかったなと。そこで、正当な評価を得るためには、自分たちから積極的に発信することが重要ではないかと考えるようになりました。

伝える力が飛躍的に高まったのは、19年のタピオカブームですね。土日のゴールデンタイムのテレビ番組などから取材が殺到しました。それから4年、メディア向けに情報発信を絶えず続けてきたことで、商品の魅力をお茶の間に広く伝えられた手応えを感じています。

これで顧客層も広がりました。それまでは「良いものを安く」を求めるニーズが強く、少しでも価格帯が上がった商品については成功例が少なかったのです。でも、メディア露出を増やした効果なのか、オーガニック商品など、従来の業務スーパーにはなかったジャンルの人気商品が生まれました。

——良さが伝わりきっていないと感じたできごとがあったのでしょうか。

博和：2つ、大きな要素がありました。まず顧客アンケートのデータです。業務スーパー発祥の地元、関西の顧客向けに調査をかけてみました。すると、業務スーパーの存在自体は100%近くの方が認知されていた。ところが、実際に来店している方は認知している方の5割ほどだったのです。

理由はいろいろありました。「安すぎて怖い」とか、店名からイメージされるのか「一般客が入ってもいいのか」といった声、同じような大容量を売りにしているスーパーですと会員制にしているところもありますから「会費が必要なのでは」とか……そんな問い合わせは2010年代後半までひっきりなしにありました。少なくなったのはここ最近、5年ほどの話です。

2つ目は販売面の強化です。父（昭二氏）は商品開発には相当の力を入れてくれていました。その一方で、店の管理については目が行き届いていない部分が結構ありました。それまでも店舗を巡回して、加盟店と一緒になって売り上げ増を考えるスーパーバイザーはいたのですが、まだまだやれることがある。例えば、売れ筋の商品を顧客の目にとまりやすい場所に置くとか、そこで商品の良さが伝わるような仕組みを作るとか、そういった基本的なことが不十分でした。ここ10年近くはずっとそうしたことに関してPDCA（計画・実行・評価・改善）のサイクルをしつこく回し続けています。

父は「尖りすぎている」と息子は語る

――商品開発は強かったが、店舗の運営面で弱みがあったと。

博和：父の目が届く範囲の事業では、高速回転でPDCAを回していました。ただ、ほかの部署とのスピード感、温度感に明確な差がありまして（苦笑）。

――（昭二氏に対して）販売面には興味が薄めだったということでしょうか。

昭二：いや……別に興味がないとか無視とかしていたわけではないんです。でも、私は製販一体の「メーカー」としてやっているつもりでした。小売りだけ見ればどうしたって他のスーパーさんに敵いませんよ。力のかけ方が異なるわけです。店舗販売の部分が疎かになっていたのは否定できませんね。

あとは、加盟店との役割分担です。我々のマンパワーは限られています。だから、PB商品の開発・製造という自分たちの強みに注力したわけです。現場は加盟企業が守ってくれる、ということで。

――（昭二氏に）経営者としての博和さんはどんな印象ですか。

昭二：バランスが良い。私から見て欠点らしい欠点がない。ある程度の仕組みがあれば、それを成長させる能力は私よりも上でしょう。

――逆に博和さんから見てお父上はどうですか。

博和：いびつだと思います。

――いびつ、とはまた……（笑）。

博和：尖り方がすごいのです。得意なところはまねできないくらいに飛び抜けていて、半面、苦手なところも明確にある。

――例えば、昭二さんのここが弱点だ、というのは。

博和：細かい管理は苦手なのかなと。逆に、発想力はすごい。その背景にあるのは「物事を原理原則まで突き詰めて理解する」という意識です。それが生活にも組み込まれていますから。

原理原則まで理解しようとするから、「新規事業をやろう」という時に、担当者よりも知識のレベルが深いんです。率先して旗を振るにはこれくらいの意識が必要なのかと感じました。そこは自分とは決定的に違うと感じましたね。

昭二：その点では、私は時代的に恵まれているところがあります。小学2年生でスズメを売ったり、小4で新聞を配達したり、小6で鉄工所に通ったり、現場仕事ばかりしていましたから。31歳で社長になった、という文言だけ見れば私と博和君は同じ年で経営者になっています。ただ、私はそれまでの人生で学べたことが本当に多かった。繰り返しですが、実際に動いてみないと物事は理解できないわけです。「百見は一労にしかず」です。

創業者は「勝負」がしやすい

——昭二さんと博和さんは話を聞いていて、個性も良い意味で違っているように見えます。創業者と後継ぎ、求められる能力というのはやはり異なるのでしょうか。

昭二：逆に神田さん（筆者のこと）は、私（創業者）と博和君（後継ぎ）の順番が逆だったとしたら業務スーパーはどうなっていたと思いますか。

——業務スーパーは生まれていなかったかも、と思います。

昭二：それが答えです。

——「ゼロイチ」とか新市場の開拓とかって、やはり創業者気質な方でないと難しいんでしょうか。

昭二：まずは社会的意義を考えて事業を起こす、これが長寿企業の前提かと思います。その上で、創業者は大株主、つまりオーナー経営者が多いので、利益の半分を次世代の事業に投資するといった「賭け」もできます。それが上場して、2代目、3代目と連なっていくと、株主の構成も変わっていきます。

そうなると、次第に株主の利益を重視せざるを得なくなります。利益を他の事業に思い切って投資するといったチャレンジはだんだんとしづらくなっていくのでしょうね。それは神戸物産に限った話ではなく、一般的な話として。やはり、創業者は挑戦をしやすい立場にあると感じます。

――博和さんはいかがでしょうか。

博和：このトピックはよく父と酒を飲みながら話しています。おっしゃる通り、創業者と2代目の順番が逆だったなら業務スーパーは生まれなかったでしょう。あと、自分自身の性格的にも大きなリスクを取るタイプではないので、そういう意味でも創業者には向いていないのかなと思っています。

大きく考え、速く動くことが創業期には求められていたと聞いています。私たちも新規事業は常に考えています。けれども、大きな損失をかぶらないように計画的に物事を進めると、結論としては「無理のない範囲」での勝負になります。事業化に至るまでのスピードは20年前と比べれば、かなり遅くなっているでしょうね。

一線を退いたら潔く、後は任せる

――（昭二氏に）6年間、外から博和さんの経営を見ていてどうですか。

昭二：一緒にいるときは学んでくれて、今は自分で考えて、経営してくれている。ベースも守った上で、自分の考えをオンしてくれているので、一番良い形だと思っています。

――（博和氏に）ご自身で、昭二氏のまねをしようと思われたことはないですか。

博和：キャラクターがそもそも違いますから、そのまま真似できないし、しても仕方ないです。自分に合ったやり方でないと無理も生じます。ベースの部分は教えてもらったので、後は自分のやり方でと割り切って考えました。

――昭二さんは6年間で2回しか会社（神戸物産）に来ていない。創業者としては珍しいのではないですか。

博和：だらだらしないで、見切りが早くて、急転換するのが父らしいなと思います。正直、31歳の時の私に上場企業の社長をやる能力はなかったと思います。けれども、父は過去に大病を患っているので。トップダウンの経営のままでは父に何かあったら会社が回らなくなる。その

本社で親子並んでツーショット。同族経営の企業では事業承継を経て、不幸にもいがみ合うことになる親子も少なくないが、この２人は本当に仲のいい親子と感じた（写真：菅野勝男）

リスクに早めに対応する意図はあったと思います。

最後に会長室で「今度から博和君が社長やることになったから。もしも自分と博和君の意見が対立することがあれば博和君の言うことを聞きなさい」と幹部メンバーに伝えていたのを明確に覚えています。明確に線引きをしてもらったおかげで、古参の幹部もやりやすかったと聞いています。

昭二：親子で長く経営を続けている会社を見ていると、皆さんひどい目に遭っています。そんなふうにはしたくなかったし、自分は他にやりたいこともあったので、そちらに専念したかったのです。博和君には、今後も自分の信じる道を突き進んで、頑張ってほしいですね。

記者の眼

「後出しじゃんけん」がドル箱を生む

神戸物産の創業者、沼田昭二氏に「業務スーパー」のビジネスモデル、成り立ち、強さの理由について語ってもらった。ここで改めて沼田氏の考えを整理し、その「ドル箱の作り方」を一般化できないか、試みてみたい。

課題の克服と新事業創出を同時に

業務スーパーは、1990年代に踊り場を迎えていた神戸物産の苦境を脱出するために考えられた事業だ。当時の神戸物産は、小売り、製造、商社と、それぞれの事業をバラバラに運営しており、それぞれに課題がのしかかっていた。

①　小売り（フレッシュ石守）は旧来型のスーパーで、かつ小さい。独自商品（プライベート

ブランド、PB）を作るにも、生き残るにも、規模が足りない。店舗数の拡大が必要。
② 製造は収益性を高め、差別化しないと生き残れない。独自製品の開発が必要。
③ 商社は慢性的な赤字で安定的な販路確保ができていない。自前のチャネルが必要。

この3つの課題を沼田氏は以下の3つの方法でそれぞれ解決した。

① フランチャイズ（FC）による大規模大量出店（49ページ）。
② 中国工場と、のちに国内工場の買収で独自商品を大量生産（125ページ）。
③ 他店への冷凍野菜の卸をやめ、中国からの輸入商品を①に大量供給（144ページ）。

製造、商社は価格支配権を小売りに握られることで経営が安定しにくくなる。一方の小売りも、価格競争だけを志向したのでは、あのダイエーでさえ泡のように消えたことから推して、盤石とはいえない。少子高齢化で市場が縮小し、厳しくなる状況で自分の旗を掲げて生き残るには「製販一体」となって、よそで売らない商品を作り、売っていくしかない（②、③）。

そして②、③は、①の大量出店があって初めて意味を持つ。当時の神戸物産の潤沢とはいえないリソースでは実現の道はFCしかない。しかも出店後に加盟店に、きめ細かいサービスを提供するのは難しい。そうした縛りの中で、加盟店を増やしていく仕組みこそを、沼田氏は考えねばならなかった。

それを具体化したのが業務スーパーだ。「FC本部が細かく面倒を見なくても回せる店舗と品ぞろえ」であり「しかも出店コストが安いこと」だ。業務スーパーの店舗に、普通のスーパーと比べるといろいろと「変」なところがあるのはこのためだ。

そして、もうけは自社商品の販売から出るようにして、加盟料は思い切り引き下げ「宣伝しなくても加盟店が集まる」ように工夫した。沼田氏の話を短くまとめるとこういうことになるだろう。

これがうまくいった背景には、沼田氏が製造・商社（卸）・小売りの3つの事業それぞれで、大小の差こそあれ挫折を味わっていた経緯が大きい。それぞれの苦汁を飲み干し、3つの業態の弱点を知った沼田氏は、「FCによる販路の急拡大」をテコに弱さを強みに変えた。

食品製造、流通、小売り、個々の事業に目を向ければ、それぞれ神戸物産よりも規模が大きな会社は数多ある。しかし、3つを兼ね備えたシステムを構築した企業はなかなかない。これら3つは本来、別種の事業だから組み合わせて1つのビジネスモデルを構築することは難しいからだ。

しかし、沼田氏はこの3つの分野を組み合わせれば、それが差別化になり、ロスや無駄をなくせると考えた。そして、それがオリジナルな業態となった。教訓めいたものを引き出すとすれば、新しいことへの挑戦を面倒がって「自分の仕事、事業はここまで」と決めてしまうと、かえってもうけの少ない泥仕合に巻き込まれてしまう、ということかもしれない。

2代目が行ったリファインでさらに伸びる

自社PBや直輸入商品の特徴（大容量、長い賞味期限）を最大限に生かす仕組み「だけ」に特化した店づくりをしたのが業務スーパー、ともいえる。それ以外の部分は加盟店に〝お任せ〟することで、フランチャイザーとしての自社の負荷を軽くして、浮いた分は新たな商品開発などへの投資に回す。

親子対談で初代社長の沼田昭二氏が「メーカーと自覚していた」のはそういうことで、だからこそ利益率が高められた。「来店動機になり得る独自商品」と「店舗のフォーマット」という前提条件を整えることに集中し、現場の細かい部分は加盟企業に多くを任せた。

2代目である沼田博和氏は、昭二氏がつくり上げた神戸物産が、メーカーとしての機能に偏っていることを課題と捉えた。そのために発生していた機会損失に対応し、見せ方、売り方を改善して事業規模を拡大し続けている、と理解すればいいのだろう。

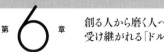

博和氏が語った通り、タピオカブームによって輸入食材を多く取り扱う神戸物産は注目を浴びた。新型コロナウイルス禍ではメディアやSNSで商品や店舗が度々話題になり、売上高は伸び続けた。出店から1年以上経過した既存店への出荷実績（全店への出荷実績の場合、店が増えれば出荷実績も増える。既存店売上高や出荷実績はその店本来の強さを図る指標としてよく使われる）の月次動向を見ても、前年割れとなっているのは2016年11月以降、わずかに4カ月しかない（直轄エリア）。

後出しじゃんけんで勝つために

「何でも自分で理解するために、睡眠時間を削って、早朝勉強する」という沼田昭二氏のキャラクターなくして、この業務スーパーは生まれなかった。もちろんこれをそのまままねするのは難しいが、無理は承知で、経営者はどのようにすればドル箱を生み出すことができるのか。ある程度の一般化をしてみよう。

大きく言えば「準備に時間を惜しまない」ことがポイントになるのではないかと思う。PDCAサイクルでいえば、「P（プラン、計画）」にたっぷり日時を使うことだ。

沼田氏は何度も「細胞レベルで考える」と語っている。これをもう少し一般的な言い回しに変換すると、「考える基点をより深く、細かく」となるだろう。見ていて最初に感じたのは考える「起点」の重要性だ。

この考え方はすでにいくつもの例で紹介したが、それを実行するために大事なことがある。「細胞レベルまで分解して考える」ために沼田氏は、機械の仕組みや食品の成分など、根本的な部分まで自身の中で理解して臨んでいる。そのためにはもちろん向学心や能力も必要だが、さらに必要なのは「時間」だ。深い理解には、長い時間がかかる。経営者としての沼田氏の一番の凄みは実はここにあるのではないか。

沼田氏自身は周囲からは「決断と実行がものすごく速い」と評価されている。だが、本人曰く「私は誰よりも遅い」のだという。「まずは勉強」してから事に臨み、その準備が綿密・周到だから、思いついてから実行するまでに時間が掛かる。

沼田氏について驚くべきなのは速度ではなく「出てくるアイデアの完成度が最初から高い」ことだ。時間を費やして細部まで練り込み、完成した「鮮明な最終イメージ」をいきなり話すから、周囲は「いつの間にそこまで深く」と驚き、振り回される、ということではないだろうか。

業務スーパーは1号店開業からわずか5年で300店舗以上を展開するに至った。ここだけに目を向けると、突然世の中に現れ、急拡大した業態のように見える。

だが、そこに至るまで沼田氏は地方都市の中小企業経営者として約20年の雌伏の時を過ごしている。特に1992年に中国・大連に進出してからの8年間で、沼田氏はメーカー、商社、小売りと、「製販一体」を確立するための知識と経験を得た。この8年があったからこそ、沼田氏は製造・流通・販売の本来は畑違いの3つの事業について、自身で理解する時間があった。だから、その3つをつなぎ合わせた業務スーパーを生み出せたのだと、言える。しかも、その構想を固めるためだけに2年を要している。この「事業を動かす前にとことん考え抜く」姿勢は、ドル箱を作りたい経営者にとって、何より見習う価値があるはずだ。

「時間をかけている間にチャンスが逃げていくのでは」と思う向きもあるだろう。沼田氏は自身の考え方を「後出しじゃんけん」と表現している。相手の手を見てから考えても決して遅くない、ということだ。

「社会的に大きな課題」を見据えれば、急ぐ必要はない

沼田氏が言う「後出しじゃんけん」とは、世の中の動きや他社の打ち手をじっくり見て、その失敗や成功の中から、消費者の興味関心や生活習慣の移り変わりを見抜き「だったらこうすれば勝てる」というプランを考えて実行に移すこと。言い換えると「思いつきでは勝負しな

い」のだ。

沼田氏が社内に掲げている「利益の出し方」の5番目はこんな文言だ。

「小さい時代の流れより大きい時代の流れを見る事」

目の前の流行よりも長期的なトレンドに目を向けるべきと説いている。過去のインタビューでは「自分自身が生きている間はこの問題が続くだろう」という「長期的で単純」な「社会問題」に向き合うことを勧めている。業務スーパーで言えば、少子高齢化という大きな時代の流れに目を向けて、冷凍食品のニーズが伸び続けると見込んで、これを中核の商品にしたことが相当する（57ページ）。こういう大きなテーマから考えた事業ならば、多少の開始時期のズレには影響されない。

時間をかけることで、まねもされにくくなる

そして、細胞レベルまで考えて、準備にじっくり時間をかけることで、「他者から簡単にまねをされない」仕組みになっていく。

業務スーパーは店頭だけ見れば、独特だがシンプルでもある。「それでこれだけうまくいくならば、他社がまねをしないはずはない」と考える人もいるかと思う。私もその1人だったの

で、沼田氏にパクリが現れない理由を質問してみた。

すると沼田氏は「いや、かつては見てくれをそのままコピーした企業もありましたよ」とあっさり語った。しかもその中には、今は加盟店を運営している企業もあったという。「けれども、自己流でやってみても販管費は落ちない。表面だけコピーしても意味はないってことです」

この本をここまで読まれた方にはお分かりだろう。段ボール積みで商品を並べたり、冷凍庫の配置を売り場の中央に変えたりしただけでは業務スーパーと同じ販管費率を達成することはできない。業務スーパーのビジネスモデルの強さは、工場の生産性向上と商品の独自性を両立することから始まり、そこから物流、店頭販売に至るまで、一気通貫の効率化ができているところにある。小売りの機能しか持たないスーパーがまねをしようとしたところで、無理な話だ。

失敗は恐れないが、あらかじめ限度は決めておく

行商時代や大連時代の話のように、沼田氏が失敗したことも決して少なくない。業務スーパーのような一世一代の大勝負ではじっくりと時間をかけるが、新しいビジネスには直感で突っ込んでいく面もある。

「税引き前利益の半分、50％までは次のビジネスを生むための勉強に使ってもいい」と沼田

氏は語る。なぜ50%なのかというと、投資額がそれを超えると、失敗したときに本業が大きく揺らぎかねないからだ。「勝負は片手で。両手の勝負はしない」と決めている。「新規事業は1勝9敗。そのくらいだろうと織り込んだ上で臨んでいました」。

そうした事例は業務スーパーの開業後もいくつか確認できる。例えば、神戸物産は2007年にホテル事業に参入するために、国の年金福祉施設を買収した。「国民年金保養センター」4軒を7億円ほど費やして取得し、ホテルとして運営した。そして、1年余りで事業の撤退を余儀なくされている。

沼田氏は現物を詳しく確認せず「税金でつくったモノなのにもったいない。無駄を省けば収益化できるのでは」と考え、買収を進めた。だが、買収した施設は客室以外の施設（ロビーや食堂など）や通路など、客室以外の面積が50%近くあった。客室が多く、通路やロビーといった金を生まない部分は最低限に抑えているビジネスホテルと比べると、雲泥の差だったという。

客室が少なければ、収益性は落ちる。当初、沼田氏は営業利益率10%を目指していたのだが、「改装してもリターンは得られない」と見て事業開始から1年半ですべて手放した。

「1勝9敗でも、次につながる失敗であれば投資に見合った勉強といえる。やってみて分かることも多いですからね」

沼田氏は業務スーパーを展開する以前に、飲食店を経営していた時期があった。その中の一つに「真」というバイキングレストランがあった。オープン当初こそ繁盛したものの、客足は伸び悩み、最後は店を潰してしまったという。足かせとなったのは1億5000万円の出店コストだった。出店に金を掛ければ店の見栄えは良くなるが、投資回収の期間は長くなる。そうなると、本当の意味でキャッシュインするまでに長い年月を要することになる。結局、「真」は多店舗展開できず、売り上げは伸び悩み、失敗に終わった。

だが、この時の経験から業務スーパーは出店コストを6000万~7000万円に抑え、投資回収の期間を短くする業態として設計。このことが加盟企業の増加に好影響をもたらした。沼田氏がいた時代は、投資回収の期間は早ければ1年、ほとんどの店が2~3年で回収できていたという。これは、失敗経験による勉強の一例といえるだろう。

「利益の出し方」12カ条目にはこう書かれている。「失敗事例に対して、前向きに考え、変えることが大切であり、変える事により成功、成長する可能性が出る」。業務スーパーを開業した時でさえ、初日から看板を書き換えた。失敗をしてもすぐに対応すれば、その失敗は勉強になる。そんな想いがこの言葉には込められている。

営業しなくても、人も金も集まる事業こそ強い

業務スーパーの仕組みそのものは20年前から大きく変わっていないのに、加盟企業、そして店舗は増え続け、そこにPBを販売する神戸物産の業績も伸び続けている。現社長の博和氏がさらに磨きを掛けて、成長を加速させている。

「頭を下げるビジネスをしたくなかった」――。

第5章で沼田氏が語ったこの言葉に、沼田氏がドル箱を作った真意が集約されているように思う。楽してもうけたい、というよりも、頭を下げなくても協力者が集まるほど説得力が強い商品、ビジネスモデルを作りたい、という、彼の技術者的なプライドが、この言葉に込められているのではないだろうか。

ここに学び、ドル箱作りを考えるのであれば、まず「この事業（商品）は営業をしなくても客の方から『買いたい』と寄ってくるようなものなのか」という視点を持つようにしてはどうだろう。

そして、そのビジネスモデルの種は沼田氏の苦悶と同じように、あなたの会社のこれまでの失敗、屈辱、そしてまだ誰も注目していない手持ちのカードの中に、きっと潜んでいる。だからこそ、誰にもまねできない、あなたの会社だけの「ドル箱」になる可能性があるのだ。

第7章

再びゲームチェンジャーを目指して

私は今、「町おこしエネルギー」というスタートアップを新たに立ち上げ、第２の経営者人生を歩んでいます。

この会社では日本が抱える「食料自給率」と「エネルギー自給率」、２つの問題の改善を目的としています。社名の「町おこし」は、これらの問題解決には地方創生が切り離せない、という想いを込めて名付けました。従業員数はまだ十数人と少ないですが、神戸物産から付いてきてくれた社員や発電事業の専門家などと一緒に、再び「ゼロイチ」の創業を成功させるためにみんなで頑張っています。

私は経営者として、幸いにも業務スーパーでドル箱を作り上げることができました。そしてそれを長男に継いでもらえるという幸運に、再び恵まれました。業務スーパーは私の寿命とは関係なしに持続していく事業だと思います。けれども私自身は経営者としてはまだまだ勉強することがあります。

成功した経営者は、良い状態を〝維持〟することに気が向いてしまい、挑戦心が減ることがあるとも聞きます。けれども、私は神戸物産を退社した時点で、ちょうど折り返し地点を回ったところと考えています。これからも自分を成長させたいのです。

海外との商談に20年以上関わる中で感じてきたことがあります。それは世界が自国主義に傾きつつあるという現実です。そうなると、今まで天然資源がない中で、加工貿易によって国を発展させてきた日本のやり方は今後も通用するのか。それをとても危惧しています。

日本は人口減少で特に地方が疲弊しています。例えば、耕作放棄地。雑草が生い茂って荒廃した農地は病害虫の発生源となります。そうなると、人が耕している土地にも悪影響が及びます。土地が荒れていくことは、間違いなく国力にも影響を及ぼすのです。人のいなくなった地方では、かつてのような共生のシステムも廃れていくことでしょう。

私には5人のかわいい孫がいます。それなのに日本は、次世代の子どもが夢を持てない社会に向かいつつある。亡国の兆しすら感じます。閉塞感のある社会に活力をもたらしたい。そんな想いをずっと持ち続けていました。

スタートアップで再エネに挑戦

日本の食料自給率がどのくらいなのか、ご存じでしょうか。カロリーベースでは38%（2022年度）です。ただし、これは飼料穀物や化学肥料の原料の輸入などを考慮にいれていない数値です。仮に紛争や経済危機でそれらの物資が日本に入ってこなくなれば、瞬く間に日本の農業は崩壊してしまうでしょう。

私はアジア通貨危機が起きたとき、韓国の惨状を現地で目の当たりにしました。経済危機が起きると短期的には食料が枯渇します。今のうちに自給率を上げる取り組みを始めていないと、いざ事が起きたとき、日本で大惨事が起きてしまう。そのためには、増え続ける耕作放棄地を何とかしないといけません。

エネルギー問題も深刻です。日本は22年度に過去最大の貿易赤字を計上しました。これはエネルギー源を化石燃料の輸入に頼らざるを得ない事情が大きい。食料と同じくらいにエネルギーの自給率アップも喫緊の課題です。日本のエネルギー自給率はわずかに約13％です。

業務スーパーは周りの皆さんの助けで確固たるビジネスとなりました。今度は私が次世代の日本人のために働きたい。50歳で甲状腺がんのステージ4で命を落としかけたとき、私は「私利私欲を捨てる」と願掛けをしました。業務スーパー時代から気にかけていた食料自給率問題に正面から取り組んでいる理由の一つでもあります。

実は農業やエネルギーの自給率アップに関わる事業は神戸物産時代にも取り組みました。けれども、その時は採算が合わず、また山を切り開いて太陽光発電所をつくるというやり方に限界を感じたことなどもあって、本腰を入れられませんでした。正直、本業もあって、人任せになっていた部分も否定できません。だから、自分で会社を立ち上げてトップダウンで全力を尽くすために神戸物産を離れました。

町おこしエネルギーが特に注力している事業が地熱発電と営農型太陽光発電です。業務スーパーと同じく、物事を分解して考えた結果、新たなビジネスモデルを考案しました。

日本の再エネは地熱発電に光明あり

これまで発電に利用してきた石炭や石油、天然ガスなどの化石燃料は、そもそも有限の資源で、遅かれ早かれ枯渇します。また、化石燃料による発電は、二酸化炭素などの温暖化ガスが発生するため、地球温暖化を防ぐために、各国で急ピッチで削減が進んでいます。今では「脱炭素」や「カーボンニュートラル」という言葉を聞かない日がないほどです。

化石燃料の代替になるのは、太陽光や風力、水力や地熱、バイオマスでの発電など、すなわち再生可能エネルギーの活用となりますが、それぞれに課題があります。

例えば、太陽光発電は、遊休地や建物の屋根の上にパネルを並べて実施する分にはいいのですが、森林伐採までしてしまうと問題です。

それに太陽光発電は天候に左右されるので、安定的な電源供給が難しい。以前に比べ、国の固定価格買取制度（ＦＩＴ）による買い取り価格が下がっていることも、普及の妨げになっています。

そこで私が目を付けたのは地熱発電でした。

実は日本にはエネルギー資源がないわけではありません。世界有数の火山国である日本は、地熱資源量が世界3位（資源エネルギー庁、16年の資料より）と大きなポテンシャルを持っています。ただ発電量出力では世界で10番目と、資源を生かし切れていません。地熱による純国産エネルギーの創出は、今後の日本を支えるために必須だと私は考えます。

地熱発電は地下深くから取り出した蒸気でタービンを回し発電するもので、1度掘り当てれば100年、200年と発電し続けられます。

天候に左右されず、安定的に発電できる点でも優れています。確かに地下にある熱水や蒸気が減ることで発電量も減少する「減衰」というリスクはありますが、これは発電量をセーブしたり、熱水と蒸気のバランスが良い地熱貯留層（地下の熱だまり。地下にしみこんだ水が地層の割れ目にたまり、それがマグマなどによって熱水や蒸気となり、地熱発電のエネルギー供給源となる）の開発を進めたりすればいいのです。例えば初期調査では5メガワット（メガは100万）発電できるポテンシャルがあると分かっても、実際の発電はその数分の1にとどめておくとか、やりようはあります。

最大の難点は開発に莫大な費用がかかること。特に掘削の成功確率が低いのです。5～10本の穴を掘って、1本当たるくらいでしょうか。地下1000～2000メートルの世界の話なので、地上からは正確な情報が得られないのは仕方ないのですが、失敗すれば数千万～数億円の損失が発生します。こんなリスクの高い事業は上場企業の神戸物産ではやりにくい。だから私は地熱発電の事業には私財を投じて臨んでいます。これまでに120億円ほど費やしました。

業務スーパーのノウハウを地熱発電に

地熱発電のコストを下げるために、業務スーパーの経営で培った高効率・低コストの考え方を生かした新たなビジネスモデルを作りました。

まず、地熱発電がなぜ高コストなのかというと、貯留層のポテンシャル、つまりは予想される発電量に応じて設備を1カ所ずつ、オーダーメードしていたからです。町おこしエネルギーでは5メガワット以下では同じ設計・工程で開発を進めるパッケージを作りました。パッケージ化してしまえば設計費や資材の費用は低減できます。パーツに同じものを流用できれば、メンテナンスも柔軟に対応できます。

業務スーパーで冷凍庫を自社開発したのと同じ発想で、「ほしいけど、ないもの」は自分で開発しました。掘削機と、そしてそれを扱う技術者の教育システムです。

日本の山間部は狭く傾斜した道路が多く、従来の掘削機を使うには、まず掘る場所まで掘削機を運搬する大型車が入れるように道を整備する必要がありました。これには当然ながらコストがかかります。時間もかかります。そこで、山道を自走できる掘削機を開発しました。しかも、この掘削機は坑井《こうせい》調査（縦穴を掘って、貯留層の有無や規模などを調査する）で従来は必要だった櫓《やぐら》を組む必要がありませんし、分解してコンテナで輸送もできます。これで作業にかかる人件費や日数を削減できます。

また、掘削に携わる技術者の多くが日本では60～70代以上と高齢化していました。日本では1990年代から東日本大震災後まで地熱発電の開発が停滞したため、後継者の育成が不十分だったのです。人材も自前でまかなう必要があると考え、2022年4月に私は北海道白糠町に掘削の技術者を育成する専門学校を開校し、理事長に就任しました。

もちろん、こうした取り組みは地熱や掘削に長年携わってきた専門家の方々の協力があってこそです。町おこしエネルギーが顧問契約を結んでいる各分野の第一人者はご高齢の方も少なくありませんが。彼らの技術と経験を後世に伝えられるような仕組みも不可欠なのです。

発電所もフランチャイズ展開

地熱発電事業も業務スーパーと同じように、フランチャイズでビジネスモデルを広げていくつもりです。実は熊本県小国町ではすでに地熱発電所の建設を進めていて、24年春に稼働する

熊本県小国町にある町おこしエネルギーの地熱発電所。24年春に稼働予定だという

予定です。ここでの地熱発電所の設計には2年半の歳月と2億5千万円の費用が掛かりましたが、得たノウハウを今後開発する地熱発電所に流用するつもりです。

そうすれば設計と工期の短縮ができ、結果としてコストも下がる。通常、地熱発電所の調査から運転には10年以上掛かるといわれています。町おこしエネルギーのパッケージを使ってもらえば、調査から5年以内に運転を開始できると見込んでいます。

それでも運転開始までの出資額は100億円を要します。大金ですから、掘削の成功が見込めないと加盟を申請してもらうのは難しいでしょう。そこで業務スーパーのBタイプと同じ要領で、前段階のリスクは町おこしエネルギーで負うことにしました。貯留層を見つけるまでの掘削のリスクを当社が引き受ける仕組みにしたのです。

加盟企業には地熱発電所が設置できると分かった段階で出資していただきます。温泉地では地元の反対意見で開発が頓挫するケースも少なくないと聞きます。この地域との折衝も町おこしエネルギーが担います。こういうことはトップ会談が欠かせませんから、熊本や現在開発を進めている鹿児島県湧水町などでは私が現地の方への説明を担当しました。

地熱は町おこしにも生かせる

地熱発電はその過程で発生する熱水を利用した農園事業や養殖事業も可能で、当社ではバナナやパパイアといった南国フルーツの栽培、バナメイエビやヤマトシジミの養殖を手がけています。地熱を使えば、北海道でも南国のフルーツが栽培できるようになるなど、地熱発電事業は観光ビジネスや地方創生にもつながります。

シジミであれば、水温25度の水を活用することにより、通常より早く成長し、色艶のよいシジミが養殖できます。同じ月齢で大きさを比較すると、当社の養殖法で育てたシジミの方が2倍以上も大きく育つのです。

私は貝の養殖の専門家ではありませんし、社員に研究者がいたわけでもありません。ですが、問題に取り組もうと真剣に思えば、それは成し遂げられます。最初は専門家でも何でもなかった社員がこの事業を担当し、今や多くの実験を通してヤマトシジこのふ化問題を解決しようとしています。

地熱発電事業も業務スーパーと同様に、「もうかる仕組み」を構築し、それを広げていくだけ、と考えています。

耕作放棄地の再生と太陽光発電の両立

地熱発電に加え、もう1つの事業として進めているのがソーラーグレージングと呼ばれる太陽光発電の仕組みです。酪農との両立を目指しているので、営農型太陽光発電ともいいます。羊や馬などの家畜を太陽光発電所に放牧して除草させ、育った家畜は食肉加工用に出荷する、というビジネスモデルです。発電所として利用するのは耕作放棄地なので、山林を切り開くわけではありません。

ここでも「ないものは自分で」の姿勢で臨みました。課題だったのは耕作放棄地で人の背丈より高く育つ、クマザサやススキなどの植物を食べる家畜がいなかったことです。それまで牛、羊、ヤギなどで試しましたがうまくいかなかった。けれども、粘り強く検証を重ねると1種だけ、それらの草木を好んで食べてくれる動物に出合ったのです。

それは北海道産の馬「どさんこ（正式名称は北海道和種）」でした。北海道の厳しい冬を乗り越えようとして、雪が積もっても食べられる背丈の高い草木を食べて生きてきた馬なので、クマザサやススキも普通に食べてくれました。マイナス20度の極寒でもびくともしません。

最初にこの馬を見つけた時は日本に70頭あまりしかいませんでした。けれども、耕作放棄地の再生を進める中で繁殖を繰り返して、今では500頭にまで増えました。そして、どさんこのおかげで1000ヘクタール以上の耕作放棄地を再生することができました。

24年には北海道白糠町で約200ヘクタールの土地を使って、年間発電量4900万キロワットを見込む太陽光発電所が着工し、26年秋までの完成を目指します。ここでは最大400頭の羊と最大40頭のどさんこを放牧します。

この取り組みが広がれば、耕作放棄地と食料自給率の低さという、日本が抱える2つの問題に対して有効に機能すると私は考えています。

もう一度、ゲームチェンジャーに

時価総額1兆円に育った会社をつくっておきながら、今また新事業にチャレンジしているのはおかしなことかもしれません。ハードルも少なくありません。けれども、私は真剣です。純国産のエネルギーと食料の自給という、大義を持ってやっているつもりです。

それに日本の再エネは、官民共にまだ将来に向けた確固たる道筋を描けているとは言い難い。ここで私の考えた仕組みに賛同してくれる人が増えれば、業務スーパーと同じように後出しじゃんけんでナンバーワンの事業に育てられるという期待も持っています。

業務スーパーを開業するまでの神戸物産も苦難の連続でした。けれども、私は危機に際して諦めずに、活路を探し続けられました。それはなぜか。事業に対して「使命感」や「大義」を持っているからです。そして私はこれが事業の明暗を分けると思っています。

使命感や大義、守りたいものを考えるというのは、「遠くを見る」とも言い換えられます。経営者は事業が苦しくなると、どうしても目先のことばかり考えてしまう。「今月の銀行の支払いをどうしよう」とか「今日の売り上げはさっぱりだ。明日も不安だ」など、ネガティブなことばかりが頭に浮かびます。そんな状況が続くと心が折れて、事業を諦めてしまいます。

心が折れそうになった時、私はゴールがどこにあるのか、何のためにそのゴールに向かっているのかを再確認します。

地熱発電事業は膨大な勉強が今も欠かせませんし、情報も技術も得なければいけません。実際、毎日何時間も地下等高線の地図とにらめっこして、勉強する日々が、数年間続きました。

初期投資も小売業とは文字通り、桁違いにかかります。

実は途中で、「さすがに厳しいかもしれない」と思うことも、何度かありました。それでも、諦めるという結論に至ることはありませんでした。続けられたのは、大義や使命感を持っていたことに加えて、私が泥臭く、粘り強い性格だったからかもしれません。

ゴールまで10年、20年、自分の代では終わらない、もっとかかる事業もあるでしょう。それでも顔を上げて「遠く」を見る。そうすれば、苦しいときでも諦めてはいけない気持ちが呼び覚まされると思います。

今の日本は閉塞感に包まれていて、若い人に「夢を持って生きて」と言ってもなかなか信じてもらえないかもしれません。「日本人でよかった」というプライドの持てる国に、もう一度立て直したい。そのために私は今の事業を不退転の覚悟でやり抜きます。元気でいられればあと5年は経営者を続けられるでしょう。業務スーパーの時と同じように、もう一度ゲームチェンジャーになりたいですね。

第7章　再びゲームチェンジャーを目指して

「日本の地熱発電には大きな可能性が秘められている」。日本のエネルギー自給率の改善のためにと、沼田氏は私財を投じて地熱発電事業に挑んでいる

おわりに

「怠惰を求めて勤勉に行き着く」——。

何で読んだのかは忘れてしまった。昔読んだ麻雀漫画だろうか。沼田氏へのインタビューを重ねるごとに、この言葉が頭に浮かんだ。

もうかる仕組みを作るために、毎朝何時間も勉強するという沼田氏。それでいて「面倒なことが嫌い」という。

誰だって面倒は嫌いだ。そして、新しい試みをしようとすれば、かならず面倒が付いてくる。沼田氏は、業務スーパーやその前の事業で数々の面倒なこと、失敗、挫折を経験してきた。内容は本書の通りだが、どれを取っても「もう嫌だ」と思わされることばかり。

普通はうんざりして、面倒なことから逃げたくなって、回れ右してしまうのではないか。沼田氏はそこで勤勉への道を進み、その結果、業務スーパーのビジネスモデルが確立された。どうしてそれを成し遂げられたのか。第7章で沼田氏は自分を事業に向けて動かすものを「大

「思い入れのある商品は？」という筆者の質問に、チルド総菜の煮豚を手に取る沼田氏

義」「使命感」と語っている。目線を下げて自分なりに言い換えてみると、「頭を下げるビジネスはしたくない」というプライド、そして究極的にはエンジニア的な「合理性があるものが最後は勝つ」という信念、ではなかろうか。だから、先々のために合理を貫く努力は苦にならないわけだ。

ビジネスモデルが構築される背景には経営者の生き方がある。沼田氏が合理性を突き詰めていったその結晶が今の業務スーパーという「ドル箱」であり、「牛乳パックで水ようかんを売る」理由になっている。「ドル箱」は、まさしく経営者の信念そのものなのだ。

かく言う自分は、人に語れる信念もなければ、朝は少しでも長く寝ていたいし、休みは趣味の写真撮影に出かけたい。文字通り怠惰

牛乳パック入りのスイーツはシリーズ展開して店頭で存在感を放つ

な人間だ。

けれども、「物事を徹底的に分解して考える。そのために勉強し続ける」という沼田氏の話を何度も聞いて、さすがに自分の人生を省みずにはいられなかった。そして沼田氏のこの考え方は、きっと経営者のみならず多くの方の参考になると思いながら原稿を書き進めた。ここまでお読みいただいた方々にも何かの糧を提供できたならば、これほど嬉しいことはない。

沼田氏は今もスタートアップの経営者として、北海道から九州まで日本中を毎週のように出張している。そんな多忙な中でインタビューに貴重な時間を割いていただき、本当にありがとうございました。取材の調整で何度もお世話になった町おこしエネルギー事業開発部の岡本道暁さん、広報・販促デザインの正岡世紀さん、そして神戸物産の沼田博和社長、ＩＲ・広報課の天川有希さんにも厚く御礼を申し上げます。

日経トップリーダー　記者　　神田　啓晴

会議の最中、「再エネの代名詞と言われるような会社になるには、今が頑張りどころやで」と社員に発破をかける沼田氏

沼田 昭二 ぬまた・しょうじ

神戸物産創業者、町おこしエネルギー会長兼社長
1954年兵庫県稲美町生まれ。兵庫県立高砂高校卒業後、三越（当時）入社。81年に食品スーパー創業。2000年に業務スーパーのフランチャイズ1号店を開業する。22年10月に業務スーパーは全国店舗数1000店舗を達成。ゼロから創業した神戸物産は連結売上高4068億円（22年10月期）の東京証券取引所プライム市場上場企業となった。現在は神戸物産の経営を長男の沼田博和氏に引き継ぎ、町おこしエネルギーを設立。食糧自給率とエネルギー自給率アップの大義を掲げ、地域社会の発展のため新たな事業を進めている。

神田 啓晴 かんだ・よしはる

日経トップリーダー記者
中国史好き（特に春秋戦国時代と三国志）が高じて2008年から6年間、中国・上海市へ留学し、14年に現地の大学を卒業。15年より産経新聞での奈良支局勤務を経て19年2月に日経BP入社。22年9月までは日経ビジネスで外食、化粧品、ビール業界などを担当し、22年10月より現職。神戸市出身で好物は明石焼き。趣味はランニング後のサウナと北海道での野生動物の撮影（特にヒグマ）。愛用カメラはCanon EOS R3など。

業務スーパーが牛乳パックでようかんを売る合理的な理由

2023年12月4日　第1版第1刷発行

著　者	沼田 昭二　神田 啓晴
発行者	北方 雅人
発　行	株式会社日経BP
発　売	株式会社日経BPマーケティング
	〒105-8308　東京都港区虎ノ門4-3-12
装 幀・本文デザイン・DTP	中川 英祐（トリプルライン）
校　正	株式会社聚珍社
印刷・製本	図書印刷株式会社
編　集	山中 浩之
章扉写真	菅野 勝男
カバー写真	スタジオキャスパー

ISBN 978-4-296-20358-1 Printed in Japan